# 建築／かたちことば

市原出・岩城和哉・元岡展久・萩野紀一郎［著］
香山壽夫［論考］

鹿島出版会

# 序　かたちについて考える

## 一　本書の意図するもの

本書は、建築の世界がいかに楽しく豊かなものであるかを、具体的に、かたちの実例によって示すことを意図したものである。そして、そのことによって、建築のもつ豊かさ、大切さを今一度確認しようという試みである。その対象の選定にあたっては、時代、地域、様式などを特定せず、包括的であることを旨とした。まず、かたちを注意深く見る、そしてかたちに即して考える。現地を訪れ、建築のつくり出す雰囲気《アトモスフィア》を享受する。その体験自体をできるだけ率直に表すこととした。「生き生きとした現象を［語句によって殺さない］ように[*1]」。

対象をありのままに観察する方法は、四人の著者に共通のバックグラウンドである建築形態論[*2]の基本的な態度である。建築のかたちについて、その建築作品の弁別的な要素を把握し、さらにそれらがどのように統合されているかを問う。その際求められることは、かたち自体を注視し、捉えることである。そして、そうして捉えられたかたちは、文化や伝統、歴史、風土といった意味の世界とつながっている。建築はある文化の中で、あるいは文化の枠を超えて、意味を伝える。建築のかたちが発する言葉に注意深く耳を傾けたい。「建築物はいかなることをも語ることができる[*3]」のだから。

## 二　建築のかたち、おもに部分と全体の関係から見る場合

かたちは、通常いくつかの部分からなり、同時に、さらに大きなかたちの部分としてある。建築のかたちも同様であろう。より大きなかたちの中では部分としてふるまい、より小さなかたちに対しては全体としてふるまう。アーサー・ケストラーはそのことをローマ神話の双面神ヤヌスになぞらえた。そして、その双面の要素のことをホロンと呼んだ。[*4] 部分と全体を見るときに、究極の部分に向かう志向を制御する。換言すれば、分析的方法に対して、総合的方法を併置すること。それぞれの要素が全体と部分に向かう両面性をもっていることを忘れないようにしたい。

一本の柱や一枚の壁がすでに建築であるということもできる。一本の柱はその周りに、その周りではないところとは違う場所をつくる。一枚の壁は、自分のいる側とそうでない側とに分ける。しかし、多くの場合、とても単純な建築でもいくつかの要素からできている。たとえばアメリカ東海岸の植民地住宅は、素人仕事でできる簡素なつくりをしている。それでも床と壁と屋根と暖炉という要素からなり、それらの要素もさらに細かな部分からなっている。そしてその全体形は、ニューイングランドの新しい村の秩序の中にあり、さらに自然の中に位置づけられている。

建築のかたちを部分と全体から捉えるとき、その建築を構成する基本的な要素は何であるかが問われる。もちろんこのことについて多くの論考がある。特に始まりの建築は何か、という問いにそのことが表れる。[*5] よく知られているように、マルク－アントワンヌ・ロジエは建築の始原を考察するにあたり、「田野の小屋」[*6]を提示した。森から切り出した四本の丸太を柱とし、そこに梁を渡す。そして、その上に三角屋根の骨組みを立ち上げ、屋根は木の葉で覆われる。つまり、柱と梁と切妻屋根とが建築の初源的要素であるとしている。その直後に、円柱やエンタ

ブラチュア、ペディメントという節が続いている。そしてその図には、イオニア式オーダーの柱の断片とエンタブラチュアが描かれている。そのことからわかるように、すでに西洋建築の祖型としてのギリシア建築が措定されている。自身、「建築は、その最も完璧なところを、ギリシア人に負っている」と記している。[*7]

一方、ウジェーヌ・ヴィオレ-ル-デュクは、円形に配置した細い柱をその上部で束ねたテントのような建築を、「住居の始まり」として図示している。[*8]そこでは、柱は何かを支えるのではない。境目なく連続する壁と屋根という面的要素の骨組みのように扱われている。つまり、柱と壁と屋根とは一体となって、囲い込み、覆うことで内部空間をつくっている。柱を極端に構築的なものとして見ないという意味で、ギリシア以外の視点が示されている。

それらの、柱が重要な要素だとする考え方に対して、ゴットフリート・ゼムパーは原初に立ち返れば、建築芸術の四要素は炉、屋根、囲い、土台だと考えた。中でも人にとって一番大切なことは火を起こすことであり、つまり炉が最も重要な要素である。その火を脅かす雨や風に対して、屋根と囲いと土台が「集まってくる」。ゼムパーの建築論が再評価されている理由のひとつに、それらが素材とそれに関連する技術とに深く結びついた考え方であるということがある。治水や石工は土台と、木工は屋根と、そして興味深いことに、筵《むしろ》編みや絨毯織りが囲いと結びつけられる。いわゆる組積造の壁は土台の延長の壁体であって、それに先んじて筵や絨毯が壁面としてあったとする。[*9]たしかに筵や絨毯を木々の間に掛ければ、軽やかな仕切りができる。空間をこちら側とあちら側とに分ける。それを地面に敷けば、敷かれた場所と敷かれていない場所との区別ができる。私（たち）の世界が、あなた（たち）の世界と別れる。さらに言えば、私（たち）の世界とあなた（たち）の世界とは別のものであり、それぞれがいかなるものであるかを筵や絨毯が意味している。

位相は異なるが、レム・コールハースは、いつでも、どこでも、建築家が使う基本的な要素として、床、壁、天井、屋根、ドア、窓、ファサード、バルコニー、廊下、暖炉、トイレ、階段、エスカレータ、エレベータ、斜路の一五項目を取り上げ、膨大な実例を示す。激しく変化する時代にあっても、どこまでも安定したものとして。少し情緒的に、そして、デジタル化への警鐘とともに。[10] ここでは廊下、トイレといった空間が要素として扱われていることが注目される。そしてそれらはルイス・I・カーンの言うサーヴァント・スペース、すなわち主空間を支える、奉仕する空間である。

このように、建築をかたちづくる要素で、何が基本的なものであるかについて、議論は尽きていないし、尽きることはない。ここではホロンの考え方にしたがって、かたちにまとまりの段階があることを考えた。たとえばファサードは壁、入口、窓、柱など、複数の要素から構成されている。しかしひとつのかたちのまとまりとして捉えることができる。そして、かたちのまとまりとしての意味を発してもいる。そのような経緯で、要素だけでなく、要素の組合せからなるより大きな要素も取り上げることとした。

## 三　本書の構成

本書では、九つの「要素」と三つの「部屋」を抽出した。大きく、「部屋」は要素の組合せでできる内部空間、あるいは場所のことである。カーンの「ルーム」[11] が念頭にある。ただ、ここではもう少し緩やかに、心地よい場所、落ち着ける場所、といった意味で考えた。前述のとおり、一枚の筵がひとつの要素として空間を分かち、内部空間をつくり得るのであるから、ここでの要素と部屋の関係は曖昧で、かつ連続している。それらを切り離して考えることは難しい。しかし、それでもなお、柱は支え、それ自体で空間を形成する。壁、然り、床、然り。なので、まず個々の要素に注目することで、その建築のありようを捉えることとした。そのうえで示した要素は、柱、壁、床、屋根、天井、窓、入口、階段、ファサードである。

そして、三つの部屋を項目として立て、内の部屋、境界の部屋、外の部屋と名づけた。その三つの部屋は一般的な物理的な内部空間、中間領域、外部空間と位置的にはおおよそ対応している。しかし、もちろん同じではない。部屋と言えることが前提であり、いかに部屋であり得ているかを記述した。外の部屋については、カーンの「街路は部屋になりたがっている」[*12]という言葉が契機のひとつになっている。そして、たとえばイタリアの広場は部屋である、ということは容易に共有できた。また、伝統的な日本建築のありようを見れば、境界の部屋という捉え方はむしろ自然なことであろう。[*13]

最後に「細部」。それは接合部であり、素材であり、装飾である。私たちは建築をつくるとき、詳細図を描く。それは平面図や立面図や断面図に表現できない部分を表す図である。そこに描かれる対象としての細部がまずある。柱と壁、壁と床、天井と壁、窓と壁、などの異なる要素が交わるところ、接合部。素材は建築の要素における最小単位とも言うことができる。ゼムパーの言うように、素材はそれ自体がどのようなかたちになるべきか、それ自体の中に内包している。あるいはコンクリートのように、可塑的なものとして、自由なかたちになり得るものもある。そして、装飾、手すりなどのかたち、さらに、細部と全体とが相互に照応することなど。

以上のことから、本書で取り上げるスケールのレベルは、細部、要素、部屋である。部屋群、建築、建築群等は直接的には扱わない。しかし、広場が「外の部屋」であると言うとき、その広場を囲う要素は建築群であるから、その境目も曖昧なままである。

取り上げた建築は、筆者が訪れ、体験したもの、そして自ら写真を撮ったものをベースにしている。それらについて文字と写真とで記述するとき、聞こえてくる言葉を大事にした。そして、前述のようにかたちそのものを見ることに努めた。

各節で取り上げる建築の数は八とした。もちろん無数の実例がある。その中から最重要の八例を選び取ることは不可能であるし、もちろんそれを目指してはいない。筆者の研究フィールドはそれぞれ異なっており、それぞれの得意なところから、書きたいもの、書けそうなものから順に選択した。そのため時代や地域で大きな偏りがある。もし違う人が選んで書けば、異なるラインナップになる。あえて各節八という数字で区切ることで、むしろオープンエンディッドの開かれたものであることを示したいと考えた。

また、各節の冒頭にそれぞれの要素、部屋、細部について、今までどのような議論があったのかを、できるだけ簡潔に記している。それぞれの探究の手がかりになればと思う。想定した読者は、建築を専門とする人たちはもちろん、そうでない一般の建築好きの人たちや建築を勉強している学生たちなどである。そのため、本文はできるだけ平易を心がけ、専門的内容や参考文献は注に記した。参考文献も欧文のもので邦訳がある場合はそれを示し、原著の出版年のみを括弧書きで記した。本の構成も、最初から通読することはもちろん、興味のある項目だけを拾い読みできるようなものとした。建築は楽しい、そう思っていただければ幸いである。（ＩＩ）

文末のイニシャルは、ＩＩ＝市原出、ＫＩ＝岩城和哉、ＮＭ＝元岡展久、ＫＨ＝萩野紀一郎を表す。

＊1　高橋義人『形態と象徴　ゲーテと「緑の自然科学」』岩波書店、1988、p.420。1796年に「形態学」という言葉を最初に用いたのは、ヨハン・ヴォルフガング・フォン・ゲーテである。自然のかたちを、対象化するのではなく、思惟が自然に寄り添うような思考方法のことを「対象的思考」と言い、それを実践したのがゲーテである。その姿勢は著者らの共有する基本的な姿勢である。

＊2　建築意匠学において、形態に着目して建築を理解する方法。ここでは狭義に、その分野における香山壽夫の方法。1970年代から様々なかたちで発表されているが、『建築形態の構造　ヘンリー・H・リチャードソンとアメリカ近代建築』東京大学出版会、1988で体系化され、その後さらに展開されている。

＊3　ペーター・ツムトア、鈴木仁子訳『空気感』みすず書房、2015（2006）、p.47。

＊4　アーサー・ケストラー、田中三彦＋吉岡佳子訳『ホロン革命』工作舎、1983（1978）。

＊5　意図や文脈は異なるが、ジョセフ・リクワート、黒石いずみ訳『アダムの家　建築の原型とその展開』鹿島出版会、1995（1972）の中で、建築の歴史における「原始の家」のイデアについて詳述されている。

＊6　la petite cabane rustique の訳語。マルク＝アントワーヌ・ロージエ、三宅理一訳『建築試論』中央公論美術出版、1986（1755）にしたがった。直訳すると「小さく素朴な小屋」。

＊7　ロージエ『建築試論』の扉絵およびpp.29-37を参照。

＊8　Eugène Emmanuel Viollet-le-Duc, "Histoire de l'habitation humaine depuis les temps préhistoriques jusqu'à nos jours", 1875, p.6, Fig.2であるが、原著にキャプションはない。リクワート『アダムの家』では「最初の建造物　ヴィオレ・ル・デュクによる」（原著では"The First Building," after Viollet-le-Duc）となっている。

＊9　河田智成編訳『ゼムパーからフィードラーへ』中央公論美術出版、2016所収の、ゴットフリート・ゼムパー「建築芸術の四要素　比較建築学への寄与」（1851）、pp.51-56を参照。なお、「建築の四要素」を含むゼムパーの建築論については、川向正人『近現代建築史論　ゼムパーの被覆／様式からの考察』中央公論美術出版、2017に詳しい。

＊10　Rem Koolhaas,et al., "elements of architecture", Taschen, 2018。コールハース自身の言葉は同書pp.XLI-LI。

＊11　カーンのルームの概念については、多くの論考があるが、ルイス・カーン、前田忠直編訳『ルイス・カーン建築論集』鹿島出版会、1992、第四章「ルーム　街路　そして人間の合意」や、香山壽夫『ルイス・カーンとはだれか』王国社、2003、第6章「「ルーム」という考えはいかに生まれ、何を生んだか」に詳しい。

＊12　Jon Lang, "Urban Design-The American Experience", John Wiley & Sons, 1994, p.135

＊13 内部と外部の中間的な性質をもつ、中間領域としてのリビングポーチに関する市原の研究が背景にある。市原出『リビングポーチ　アメリカ初期郊外住宅の夢』住まいの図書館出版局、１９９７。また、日本建築の中間的領域（増田の表記）については、増田友也『家と庭の風景　日本住宅の空間論的考察』ナカニシヤ出版、１９８７の第Ⅲ部空間表現の 31 内部、32庇、33隔離で詳細に検討されている。

★（　）内は原著の刊行年

# 論考　建築／かたちことばについて

香山壽夫

## 一　言葉としての建築

建築は、太古の昔、原始の人が最初の建物を建てたときから、人の心を表現し、人と人をつなぐ、ひとつの言葉であった。住居を、単に雨風をしのぎ、危険を防ぐためのものとしてつくるのではなく、意志や感情を表現し、それを互いに確認するためのもの、としてつくり始めたそのときから、それは、動物と同じ巣ではなく、人間の住まいとなりそして、人は人となったのである。この建築のはたらきによって、人と人の共同性、つながりは確立され、強化されてきた。これが、言葉としての建築の、本質的意味である。建築が、社会的言語であり、社会的芸術であると言われる理由は、ここにある。まさに、「始めに言葉ありき」であっただけでなく、「始めのときから言葉として建築ありき」であったのである。

屋根は、雨や日差しから人を守るだけでなく、その下に包まれてともに住む人の一体性、共同性を外に向かって示す。「ひとつ屋根の下に住む」、という言い方は、「家族」あるいは「共同体」という人間のつながりの強さを示している。そのことが、誰にでも理解できるのは、「ヤネ」という「かたち」が、そのような意味を表し、人に普通に理解される言葉であるからである。

このことは、建築のつくり出す多様なかたちのすべてについて言えることである。柱は、力を支えると同時に、支えること、支えて立つことの意味を外に向かって示している。「ハシラ」は、人の集まりの一体性、統合性をつくり出す中心であり根幹である。したがって「母親は家の大黒柱」であり、国を守った英雄は「国の柱」であり、チームの中心となる選手は「ポスト・プレーヤー」と呼ばれるものである。それゆえに、柱は、時には物理的には何も支えてはいなくとも、支えるはたらきのみを表現して、独立柱として立てられ「記念柱」となることもある。

このように、建築のかたちは、それぞれの意味をもち、その意味が共通に理解できるものである。それゆえに子どもは「オウチ」と言う言葉や文字を習う以前に、「オウチ」のかたちを描くことができるのである。

このように、「かたちことば」、すなわち言語としてのかたちのはたらきによって、私たちの生きる世界は成り立っている。言語としてのはたらきは、すべてのかたちが、道具であれ、工芸品であれ、あるいは美術品であれ、本質的にもっているものである。建築は、そうした「かたちことば」のひとつであり、社会・都市をつくり出すためのとりわけ大きな役割を担っている。そして、文化の発展、成熟とともに、その形式と意味は、豊富化され、洗練されていく。このことが、建築を「かたちことば」として考える基本的な認識である。

## 二　社会の形式としての建築

私たちの生活の秩序は、共同でつくり上げられてきた、様々な共通の形式によって成り立っている。一般的に、慣習・伝統と言われる様々なきまりごとがそれである。私たちがいつも話したり書いたりして用いる言語、自国語は、そのように共同でつくり上げた形式のひとつである。私たち日本人はなぜ日本語を用いるのか、イギリス人はなぜ英語なのか。それは、それを用いてきたから、その言語によって社会をつくり、文化を育ててきたから、それ以外に理由はない。ひとつの文化の独自性が、ひとつの独自な言語を育ててきた。と同時に、ひとつの独自な言語が、ひとつの独自な文化を育ててきた。

建築についても同じことが言える。建築もこのような社会的秩序、形式のひとつである。私たちひとりひとりの生活も、そして共同体の社会生活も、それを容れる都市も建築という共通の形式の存在の上に成り立っている。そうした安定した形式によって守られていなければ、私たちは安定した毎日を送ることはできない。

伝統的な形式を保っている町には落着きがある。見知らぬ町を訪れたときでも、安心して歩き回れる。安心なのは、わかりやすいからだ。建築が語っている言葉が、基本的に、誰にとっても共通に理解できるからだ。どれが、神社なのか、お寺なのか、あるいは教会堂なのか、誰にでも理解できるからである。したがってお寺と芝居小屋を間違えることはない。言葉のわからない国に行ったときでも、どれが教会堂で、どれが闘技場であるか、一目でわかる。建物が、そのかたちで、それが何であるかを示す、誰にでもわかりやすいかたちをもっているからだ。

しかし、さらに細かい、微妙な細部の意味になると、その文化、伝統に固有のものとなっていき、そのかたちの意味に習熟していないと了解できないものもある。このように独自な、共同体固有な形式の存在が、その共同体のつながりを強めるものともなる。

宗教建築と住居は、異なったかたちをもっている。初めての国を訪れても、間違える人はいないであろう。神社とお寺の違いは、日本人には明らかである。しかし、外国人には、まごつく人もいるだろう。キリスト教の教会堂の正面に立ったとき、それがカトリックの教会か、プロテスタントのものであるか、大多数の日本人にはわからないかもしれない。仏教の寺院建築の場合でも、それが禅宗の寺院か、眞宗の寺院か、わかる人にはわかるがわからない人のほうが多いだろう。

住居の入口は、いかなる場合でも、入る人を中に住む人との親密度によって、識別・選別するはたらきをもっている。江戸時代にその形式を完成させた町屋には、通り土間と呼ばれる、細長い土間の空間が、表の入口から奥まで、真っ直ぐに伸びている。初めての人は、その表で立ちどまるが、親しい人は、ずっと奥まで入ってくる。どこまで入っていいのか、その親密さの度合いは、その空間のかたちによって、巧みに規定されている。その大きい規定は、誰にも了解できるが、微妙な点は、慣習を共有している共同体の人にしかわからないこともある。

同じことは、すべての伝統的な住居形式についても言える。イギリスのテラス・ハウスの形式についても、スペインのコート・ハウスの形式についても、人間一般に了解できるかたちと、文化特有の微妙なかたちが、共存している。これが建築というかたちの面白さでもあり、難しさでもある。

## 三　形式の成熟としての様式

建築の基本的形態は、ふたつの条件によって規定されている。ひとつは、物理的条件であり、ひとつは人間の身体的条件である。すなわち建築物は、地球上の力学、物質的条件に応じつつ、人間の身体の寸法・はたらきに対応して、具体化されたものである。このふたつの基本条件は、すべての建築において共通であるから、その限りにおいて、すべての建築の原型は、ひとつの共通のかたちとなり、それは人間誰にとっても、共通に理解できるかたち、すなわち共通言語となっている。一九世紀フランスの建築史家ヴィオレ－ル・デュクが、すべての原始住居に共通のかたちを図解できたのは、それゆえである。

しかし、文明の誕生、すなわち都市の成立とともに、人間は、この形式を豊富化させ、特徴的なものとして発展させてきた、それぞれの時代、それぞれの地域が、それぞれ特有の建築の形式をつくり上げてきた。それが、一般的な、広い意味での建築の様式（style）である。

文化の固有性が、建築の様式の固有性を育み、様式の固有性が育つ中で、文化の固有性は育てられてきた。一般的言語と文化について言えることと同じである。

一般的言語と同じく、建築様式も、ひとつの文化集団の内において保存され、世代から世代へと伝達されていく。その伝達の過程で、その形式は、豊かにされ、洗練されていく。そしてその伝達の過程を、より効果的で、正確なものにするための制度として、各種の教育制度、すなわち学校制度、あるいは徒弟制度といったものが工夫され、同時にその教育の中身をより正確にするために、構成要素（一般言語における単語）と構成法（一般言語における構文法）が整理されていく。建築において「様式」とは、このように整えられた建築様式のことである、と言っていいであろう。

ゴシック建築には、それ特有の要素と構成法、すなわちゴシック様式があり、それを保ち伝えていく、制度、すなわち職人組合（ギルドの制度）があった。広く見れば、いかなる伝統的な建築においてもそれは同じである。日本の和様の建物においても、その細部について、その名称が定められて、その組立て方が規定され、そしてその手法が、親方から弟子へとそれは継承されてきた。

言語が表現の手段であると同時に、思考・創作の手段であったことは、建築の様式においても同じである。古典ギリシアの様式によって、古典ギリシアの建築家は思考し、一三世紀ゴシックの様式を用いて、カテドラルは創作されたのである。

言葉を正確に、精微に用いられない人に、正確で精微な思考は行い得ない。したがって、正確に言語を用いる人は、その集団において尊敬される。建築においても同じである。その様式を正当に用いる力をもつ人は、その社会において、重要視される。一九世紀フランスにおいて、正しい古典様式を用いることのできる建築家を育成する「美術アカデミー」が設立された由縁である。

## 四　様式の衰退とモダニズムの建築

二〇世紀に入って、世界の建築の主要な理念となったモダニズムは、過去の様式を否定した。そして伝統と決別した、新しい形態を創り出すことを目指した。

モダニズムの旗手、ル・コルビュジエは、「死んだ過去の守り手である「アカデミー」は葬り去らなければならぬ」と叫び、フランク・ロイド・ライトは「私にとって、学ぶべき過去は何ひとつない」と宣言した。

この伝統否定の姿勢は、他の大小無数のモダニストすべてに共通である。革新的であること、それゆえに、他と異なり独自なかたちをつくり出すこと、その姿勢そのものが、重要であったのである。モダニズムの本性が絶えざる革新にあり、他と違って独自であることであった以上、それがひとつの様式として整えられることはあり得ない。あるものが確立された次の瞬間、それは葬り去られねばならない。事実、モダニズムの構成要素（単語）も構成法（文法）も、ひとつの形式として整える試みがなされたことはなかったし、ましてや、かつてのエコール・デ・ボザールのような教育システムが生み出されたこともなかった（わずかに、シカゴに移ってからの、ミース・ファン・デル・ローエの教育に認められると言えるかもしれないが）。グロピウスのバウハウスは、歴史教育そのものを無意味で不必要なものと見なし、独創的であることに、教育、学習の力点をおいた。

そのような理念と方法によって生み出された二〇世紀の都市が、統一と調和をもったものとなるはずはない。ひとつひとつの建物が、それぞれに特異性を主張しあって対決する雑多な、混乱した町並みが出現することになる。それは、互いに通じ合わない言葉を、ただ他人よりは目立ちたいために、大声でぶつけあっている会合の席に似ている。実際に今日、言葉、文章の世界でも、上品な言葉づかい、正確な言い回しが衰退している状況を見ると、言語と建築のふたつは、同類であることが、ここでもまた確認できる。

建築作品、あるいは建築の説明においても、今日ではかつてのように様式的な用語や概念を用いられることはなくなっただけでなく、建築の基本的な語彙が用いられることも稀になった。それらに代わって目立つのは、原始的で幼稚な擬音語（すなわちオノマトペーヤ）である。第一線に立っている建築家が、私がつくりたかったのは「ツルツルした」建築だ、とか「フワフワした」塊だ、「グニャグニャした」壁とか言う。これも、一般言語における言語の衰退状況に類似している。言葉も建築も、形式、様式が失われたときに生ずるのは、原始的状況にほかならない。

## 五　伝統と革新、共同性と個性について

この本が編まれた目的は、私たちの住む町に、安定と喜びを回復し、また建築をつくる者たちに、その方法の豊かさと楽しさを取り戻したい、ということにほかならない。過去の歴史的様式のあれこれを賛美することでもなければ、モダニズムを弾劾することでもない。人間が、この地球上で、過去・現在のすべての時代に生み出してきた、建築の素晴らしさを、私たちで可能なかぎり、広く大きく、すくい上げたいと願ったのである。そして、それを行うためには、私の恩師、ロバート・ヴェンチューリの言葉を用いるなら、排除的（exclusive）ではなく、包容的（inclusive）な姿勢、をもたねばならない、と考えたのである。

私たちの生きている環境は絶えず変化している。それは、私たちの外側の条件が変化するからだけでなく、私たち自身が、絶えず変化している存在だからだ。私たちは、すべての生き物と同じく、絶えざる変化を通じて生き続けている。それゆえに、固定した環境、硬直した精神には耐え得ない。今あるものは、つねに次の瞬間には、新たに把え直さねばならない。言葉で

あれ、建築であれ、留まることなく変化していくのは、それゆえである。

しかしながら同時に、変化するものは、つねに持続するものによって支えられていることが忘れられてはならない。持続する秩序がなければ、変化そのものが、無意味になるからだ。

二〇世紀初頭のモダニズム運動の始まりを見ただけでも、そのことは、明らかである。フランス、古典主義のある明晰な理論と、美術や建築アカデミーの確固たる制度があったからこそ、それとの闘争の中で、ル・コルビュジエの革新も、ライトの独創も生み出された。いや、彼等は、伝統と闘っただけではない。多くの研究者がすでに明らかに解きあかしているように、彼等自身、その根底において、古典主義を自己のものとして学び、それを踏み台として出発しているのである。

そのことを理解するならば、伝統と革新は対立するものではないことは自明となる。伝統は、絶えざる革新によって支えられ、革新は持続する伝統の内にこそ育つものである。

個性と共同性についても然りである。これまで、しばしば誤って、美術教育、美術批評の中で主張されてきたような、伝統と無縁な独創や個性といったものは存在しない。ある作品が、一時、そのように主張され、もてはやされたとしても、静かに、距離をおいて眺めてみると、そのようなものこそ、革新・前衛の旗印の下に隠れた、まことに陳腐で凡庸なものであることがわかる。共同の価値観、美の秩序があって、初めて力強い個性の花は開くのである。

この本は、そうしたことを、建築の具体的な実例の中で、把え直したいという、共同の理解と願いから生み出された。

（こうやま・ひさお／建築家）

# 目次

## 四節　屋根



## 五節　天井



## 六節　窓



## 七節　入口

# 第二章　部屋

# 第一章 要素

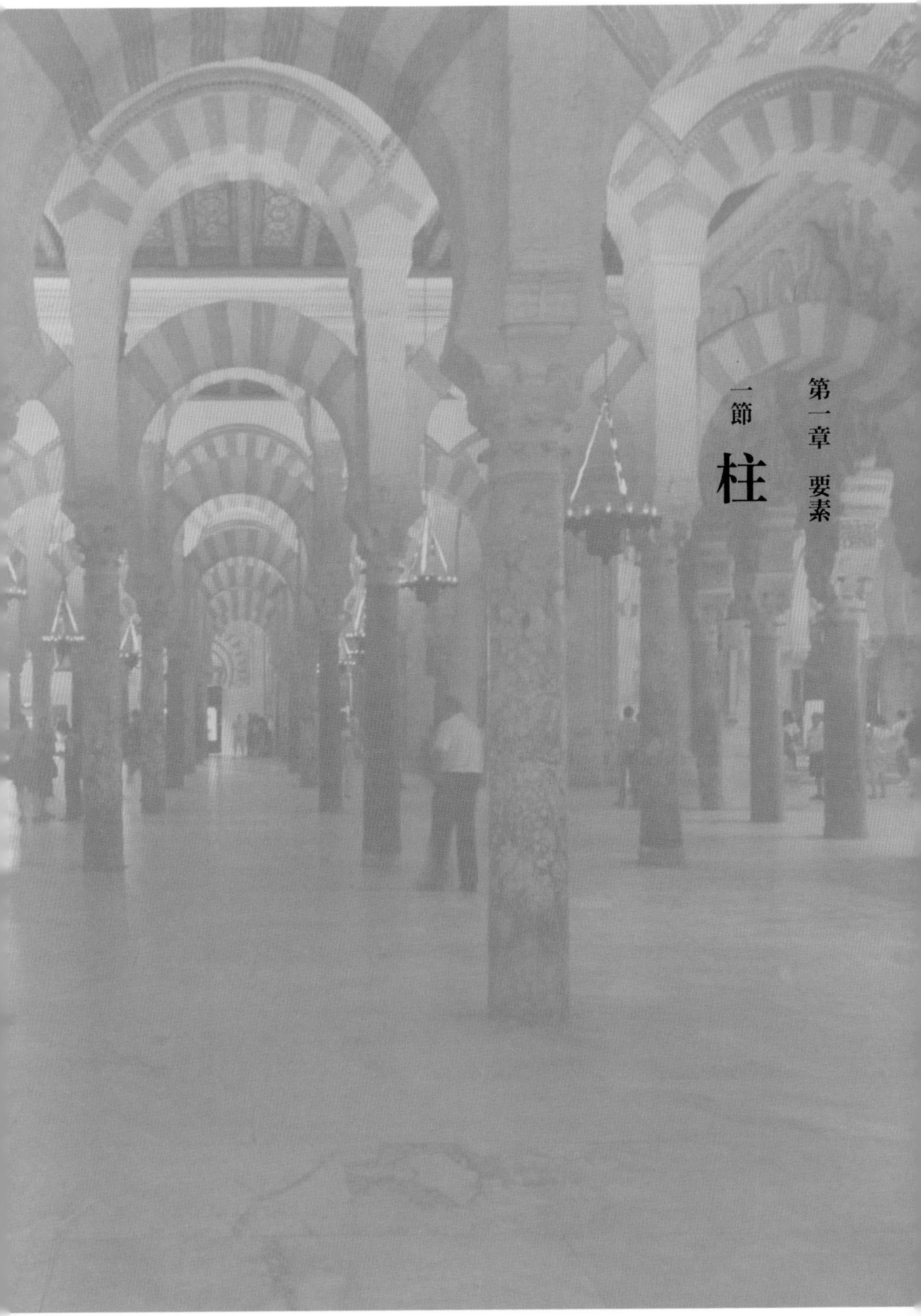

# 第一章 要素

## 一節 柱

建築形態を構成する要素の中で最も基本的なもののひとつに「柱」が位置づけられる。建築を実践するうえで必須のもの、また他の要素と結びついて複合的なかたちをつくり出す。

柱が特別に大切であることは、古典主義建築を見れば明らかである。その造形の基本とされる「オーダー」は、古代神殿の列柱に起源をもち、体系化された柱と梁の構法の単位要素である。建築家はオーダーによって建物全体を統御し美しい調和をもたらすよう、多様なプロトタイプを試行錯誤してきた。「オーダーの適切な理解と応用こそ、芸術としての建築の基礎」[*1]とは、一八世紀イギリスの建築家ウイリアム・チェンバースの言葉。オーダーは、象徴的かつ伝統的な表現として、専門家の間で受け継がれ、これをもとに展開された建築は、古典主義共通の美的、文化的、社会的価値観を語っている。

柱が重視されたのは、何も古典主義建築に限ったことではない。近代建築では歴史的象徴は忌避されたが、むしろ機能的、構造的な意味が強調された。この意図を柱に特徴的に標した事例は少なくない。合理的な構造と材料を明瞭に表した独立柱が、規則正しく林立する大空間は、近代建築における柱のかたちことばといえる。

そもそも、初源の世界に想像を巡らせば、柱は、人間にとっての空間認識の起点であった。何よりもまず柱は大地に立ち、そして地上すべてに課された重力に抗いものを支える。同時に柱は、単独あるいは複数で用いられることで、世界に認識可能な基準と尺度を与える——ここからそこは遠いか近いか、どれくらい高いか低いか、広いか狭いか——。柱は、基準として空間に秩序を与え、それによって人間は社会的、心理的な経験を得る。このような柱の意味については、現象学の分野からも多く指摘されている。

古代の記念碑の象徴性にせよ、ルネサンス期の調和の証しにせよ、一八世紀の自由の探求にせよ、二〇世紀の合理的構法にせよ、いずれの意図も柱の造形のうちに表現されている。（NM）

## パエストゥム

# 感覚的な建築の再発見

古典主義建築において、オーダーがいかに本質的であるかを理解することは──表面的なまねや、自己流アレンジが容易だとしても──、古典に馴染みない人々にとって非常に難しい。だがオーダーを知らない者も、パエストゥムのギリシア神殿を訪れると、否応なしに、震えるほどの力感を前にして立ちすくむ。それほどこのギリシア神殿のドリス式オーダーは圧倒的かつ超越的なのだが、この専門家でない者の心まで捉える力は、何によるものなのか?

パエストゥムの遺跡は、ナポリ南約一〇〇キロにある。元来は紀元前七世紀頃ギリシアの植民都市として建設された町で、中世には放棄され廃墟となった。一八世紀に再発見される。スフロ（フランス）、ピラネージ（イタリア）ら多くの建築家、学者がここを訪れ、遺跡を調査し、描き、人々の耳目を集めた。考古学的な発見とともに、ここのギリシア神殿の遺跡が、一八、一九世紀西洋建築の中心的なテーマの源流となった。

この古代都市遺跡には、三つのギリシア神殿が良好な状態で姿を残す。北に離れて建つアテネ神殿（紀元前五二〇年頃）、南にふたつ並んで建つ第一ヘラ神殿（紀元前五三〇年頃）と第二ヘラ神殿（紀元前四六〇年頃）。第二ヘラ神殿は、三つの神殿の中で最も大きく、保存状態もよい。約二四×六〇メートルの基壇上に六本×一四本の円柱が並ぶ。一五世紀以降、醇化を重ねた古典主義に比べ、荒々しく力強い。比例も装飾もそれまで知られていた建築と全く異なる。感覚にまかせて感じてみるだけで、石に現れた素材の質感に圧倒され、強大な自然と対峙した人間の精神に──それは建築の初源に当然つながり──素直に感銘を受ける。

この新たな発見は、建築の美的価値の再考を促す。ここで人々に感動を与えるのは、伝統的な美ではない。ここのオーダーの単純さと崇高さは、見る者の心を捉え、感激させ、そして朽ちた石の量塊の荒々しい力感は、恐怖さえも感じさせる。同時代のエドマンド・バーク（イギリス）、ヨハン・J・ヴィンケルマン（ドイツ）を思い起こす。パエストゥムの再発見は、「崇高の美学」あるいはギリシアの「高貴なる単純」といった同時代の美的感覚の主張と強く共鳴していた。

古代の建築物からの引用をもとに洗練を重ねてきたオーダーは、パエストゥムを契機に、感覚に訴えかける効果が意図されるようになる。ひいては、建築をより身体に近しい経験に引き寄せ、伝統的に受け継がれてきたデザインモデルの呪縛からのがれることを鼓舞し、建築の表現を幅広いものとした。（NM）

パエストゥム
Paestum
BC6～5C
ナポリ近郊、イタリア
写真：Jon Arnold
Images Ltd /
Alamy Banque D'Images

## メスキータ

# 円柱の森

メスキータの名で知られるコルドバ大モスク（聖マリア大聖堂）は、イベリア半島最古のイスラム建築である。八世紀末に建設が着手され、三度にわたる増改築を経て、一〇世紀末にはイスラム教徒数万人を収容する現在の規模に拡張される。一三世紀、キリスト教徒によるコルドバ制圧に伴い、メスキータはカトリック教会に転用される。一六世紀には中央に大聖堂が挿入され、幾度もの改修と修復を経て現在に至る。

最初の建物は西ゴート期の教会建築群の敷地に建造される。内部は一二本の柱からなる一〇の柱列で構成される。使用された円柱はすべてローマ期から西ゴート期までの多種多様なスポリア＝再利用材である。四メートルほどのスポリアの円柱の上に切石積の柱を付加することで八・六メートルの天井高が確保され、二段柱の上部は赤レンガと石灰岩を交互に配した紅白の二層アーチで連結される。

鮮やかな紅白のアーチがリズムを刻み、空間に統一感をもたらす一方、スポリアの使用による不揃いの柱頭や柱身が各々の柱の個性となる。この柱と二層アーチの構成はレヴィ＝ストロースの唱えるブリコラージュ（寄集めの器用仕事）そのものである。[*1] それはその後の拡張工事においても一貫して踏襲され、増殖を続ける。その結果、聖堂挿入前は一〇〇〇本、挿入後は八五〇本ほどの柱が立ち並ぶ独特の礼拝空間が生み出され、円柱の森と称されるようになる。

メスキータ内部に足を踏み入れると、重層する空間の独特の奥行感に圧倒される。メスキータのそれは日常的に見慣れた透視図的奥行感とは明らかに異なる。ここでは特徴的な二層アーチの列柱が南北方向に幾重にも重層されることで、独自の奥行感が生み出されている。浮世絵における近景、中景、遠景による奥行表現をさらに無限に重層化したかのような空間構成である。収束することなく無限に拡散してゆくように感じられるその空間像は、森と形容するにふさわしい。

静かな反復のリズム、均質な広がり、層状に重なる多柱空間、向きに応じた奥行感の変化といった空間全体を支配する抽象美は圧巻である。さらに、異なる来歴のスポリアの円柱群、ブリコラージュ的手法で構成された柱と二層アーチ、度重なる増築、改修、修復、転用の痕跡、一二〇〇年にわたる人々の祈りの集積といった具象の痕跡が多柱空間の抽象美と共存することによって、メスキータの空間的魅力はいっそう、際立ったものとなっている。（ＫＩ）

コルドバ大モスク
(聖マリア大聖堂)
Mezquita Catedral de
Santa María de Córdoba
784〜
コルドバ、スペイン

## 唐招提寺金堂

# 柱と柱列のつくる空間

唐招提寺は奈良の市街地から西に四キロほどの郊外にある。八世紀後半に鑑真和上が創建した当時、そこは首都のほぼ中心であった。その金堂は天平後期を代表する仏教建築である。伽藍は比較的規模が小さく、南大門を入ってすぐ正面に金堂がある。大きな寄棟屋根とそれを支える列柱の水平層が、対比的かつ調和的に視覚を捉える。その屋根は元禄年間の改修によって約二・五メートル高くなっており、復原図によれば屋根の高さと床から軒先までの高さがほぼ同じで、より軽快であったらしい。

全体の中でその列柱が際立つ理由は、前面一間の吹放しにある。[*1] 拝所として開放されたその列柱廊はこの建築の最大の魅力である。關野貞[*2]はそれを「建物の外観に多少の變化を與へ柱の内部に深き陰影を落して一層優麗の風趣を發揮せしむ」[*3]と書いている。正面の八本の柱の間隔は中央から左右に、一尺二九八ミリの天平尺で一六尺、一五尺、一三尺、一一尺と徐々に狭まって、見る人の視覚を操作する。一世代前の仏閣のもつ荒々しい緊張感ではなく、力強くかつ優美な姿を見せている。

柱の径は天平尺で二尺、上部が細くなっている。その太さの変化は、たとえば法隆寺西院伽藍の柱などに比べると小さい。しかし再び關野の言葉にしたがえば、「柱は上部稍減殺し且胴部に少く「フクラミ」あり此「フクラミ」は推古白鳳兩期の者に比すれば更に少く一層優麗の特質を示せり」[*3]となる。膨らみが小さく、かつ上部が少しだけ細くなる柱はいっそう優美だと評価している。

列柱廊の内側に入る。天井は側柱《がわばしら》（一番外側の柱）と入側柱《いりがわばしら》（側柱の内側の柱）の間隔（列柱廊の幅）のおよそ二倍の高さがあり、[*4]外から見た空間の水平性は、一気に垂直性へと変化する。全体形における優しい姿に代わって、立ち聳える柱の力が支配的である。格式の高い三手先の組物がそれ以前のものと比べて小ぶりで、柱自体をいっそう目立たせ、効果を増している。元禄の修理で屋根を高くした際、構造的な問題が生じ、側柱と入側柱の上部が虹梁型の貫で結ばれた。それがなければさらに高さを感じたと思われる。

柱の寸法が基準になっていることや、それぞれの柱の膨らみ、さらに柱間寸法の操作などは、古代ギリシアの神殿建築との関係が指摘される。しかし証拠はない。シルクロードをたどった文化の伝来であればロマンがあるし、逆に、一万キロ離れて同様のかたちが別々に現れたとすれば、さらに興味深い。（ＩＩ）

唐招提寺金堂
8C後半、奈良市

## 新宮熊野神社長床

# 原初の柱

新宮熊野神社は平安時代後期の一〇五五年に源頼義によって熊野堂村に建立され、一〇八九年に現在の地に移される。神社境内の構成要素のひとつである長床は、平安末から鎌倉初期に拝殿として建立される。一六一一年、大地震で倒壊し、ひと回り小さい規模で再建されるが、一九六三年に国の重要文化財に指定され、一九七三年に建設当初の姿に復原される。

長床は屋根、柱、板床で構成され、屋根は茅葺きの寄棟造、規模は正面九間、側面四間の簡素なつくりである。境内の自然あふれる風景の中に、直径一尺五寸の円柱が一〇尺の間隔で整然と並ぶ。その佇まいは建築の原初の姿を想起させる。

開放性を志向し、細い柱で構成された現代建築を見慣れた目には、長床の太い柱は新鮮に映る。しかも、ギリシア神殿や法隆寺の柱のような意匠的な加工もなく、素朴な丸太の柱である。長床の柱の本数は四四本である。正面九間、側面四間の柱列にすべて柱を並べると五〇本となり、そこから中央の六本を取り去るとそこに空間が現れる。中央の空間は内側の柱列と外側の柱列によって二重に包囲される。柱上部に設けられた小壁が包囲性を強調する。

長床の中央の空間に身をおくと、開放性と包囲性が共存する両義的な感覚を体感できる。共存というよりもむしろ、ふたつの性質が入れ替わり現れると言ったほうが適切かもしれない。目の焦点を近くに合わせると包囲感が増し、遠くに合わせると開放感が増す。視線の方向によってその程度は様々に変化する。

柱はさらに、それが本来備える構築性の感覚を空間に付与する。再び外に出てその外観を眺めると、空間を二重に囲う四四本の太い柱が大きな屋根をしっかりと支えていることを改めて認識する。そして、再び中に入ると空間の感じ方が少し変化する。柱の垂直性が空間の水平の広がりを対比的に強調していること、開放、包囲、構築という性質が空間内に共存していること、それらの共存が空間に多様な表情を与えていることに徐々に気づく。

長床の柱は支える要素であると同時に囲う要素でもある。支えることと囲うことは建築の根源的特質であり、両者の対立的共存や均衡の状態によって空間は多様な様態として現象する。そして、それが明瞭に読みとれるとき、人はそこに建築の原初性を感じ、静かに感動する。（ＫＩ）

新宮熊野神社長床
11C建立
1973復原
福島県喜多方市

## アル-ケ-スナンの王立製塩工場

# 幾何学のメスコランツァ

奇妙な建築の書である。ひとりの旅人が、ショーの都市の製塩工場を訪れる。街の様子や建物の数々が隠喩に満ちた格言とともに、網羅的に語られる。この難解な『建築論』を著したのは、一八世紀末フランス革命期を代表する建築家、クロード＝ニコラ・ルドゥ。直方体、円形、球形など、純粋な幾何学を革新的に用いた建築で知られる。同時代のエティエンヌ＝ルイ・ブレとともに、幻視の建築家《ヴィジョナリー・アーキテクト》とも評され、近代建築の無装飾の幾何学形態の先駆として注目されてきた。

書に記されたものは、自身によるフランス東部アル＝ケ＝スナンにある王立製塩工場である。ルイ一五世から王室建築家であったルドゥに設計が依頼され、一七七五年に着工された。半円状の施設配置構成や、構想された理想都市全体の建物群についての解釈は、多数の研究があり詳細はそれらにゆずる。ここでは実現された工場の監督官邸の、その独特な柱について見てみる。

まず半円弧状に配置された工場群の円弧中央には、六柱式のポルティコをもつ入口建物がある。その柱廊の内側には、洞窟状に石が積み上げられた入口があり、ここを通して半円敷地の中心に位置する監督官邸を望む。監督官邸は、パッラーディオのロトンダを想起させる姿で、ポルティコが正面に付く。曰く、「円と四角とを組み合わせた切り石積みから建てられた円柱」[*1]が、監督官にふさわしいものとして用いられた。

ミケランジェロ以降、古典のオーダーは、その基本的な形式を保ちつつも、多種多様な装飾的バリエーションが試みられた。円と四角が交互に重なる付柱は、一六世紀フィレンツェのピッティ宮の中庭二層目にもある。しかしこの監督官邸の、コロッサルオーダーの、円柱と四角柱が交互に積まれた六本の独立柱には、繊細な装飾はいっさいない。石そのものが刻まれ、純化した幾何学形態に加工される。その形態が組み合わされ、建物にふさわしい美しい塊となる。工場外から入口を通って中心へと至る過程は、すなわち、石の原始的形態（洞窟）が、工場内で幾何学へと単純化され、監督官邸の美しい量塊に昇華されるプロセスである。

円と正方形の幾何学形は、正しさや正義を表象している。そのメスコランツァ（混合）によって積み上げられた独立柱は、公正たる監督官の性格をそのかたちが物語る。詩はA、B、C…というアルファベットを組み合わせた諸語を、適切に配置することで美を表現する。この考えを建築にも適用する。かたちのアルファベット（つまり幾何学形）を適切に配置すれば、各建物にふさわしい性格は示されるはずだ。（NM）

王立製塩工場
Saline royale
d'Arc-et-Senans
クロード＝ニコラ・ルドゥ
1775〜79
アル＝ケ＝スナン、フランス

## ジョンソン・ワックス本社・管理棟＋研究棟

# 有機的な柱

シカゴのループからミシガン湖西岸沿いに北にちょうど一〇〇キロ、ラシーンの中心近くに位置する。管理棟には、ライト特有の建物を回り込むアプローチを経て、天井が非常に低い入口から入る。三層吹抜けのロビーのブリッジの向こうに、六〇本のデンドリフォーム（樹状）の柱が林立する。その大執務空間を囲む外壁は自立したレンガの壁であり、その上部がパイレックス・チューブの積層によるハイサイドライトになっている。屋根が浮かんでいる。そして、柱はその屋根だけを支えている。しかも中央近くの柱の間はトップライトであるから、その屋根すら解体され、柱はそれぞれ自立する。

柱は高さが二四フィート。太さは基部で九インチ、頂部で三フィート。頂部に直径一八・五フィートの円盤を載せている。その円盤は中心部で厚く円周部で薄い。図面には、段々になった柱頭部にCALYX（がく）、その上の円盤にPETAL（はなびら）という文字がある。[*1] 二〇フィートの格子状パターンに載る柱群は、幾何学的に無限空間を象徴するようなものとは異なっている。前記外壁によって境界づけられ、調和している。そして内部の壁にもパイレックス・チューブが用いられ、光が交錯する。諸要素が個々に際立ち、かつ要素相互と全体とが不可分の統合を得る。ライト建築のひとつの到達点と言える。

研究棟は管理棟より三年遅れて増築された。こちらは建築自体が一本の柱である。階段、エレベータ、洗面所、空調やガスの排気のためのシャフト等を内包するコア。それはそのまま幹、すなわち主体構造になっている。そして、それが大地から立ち上がるために、ライト自身が主根基礎[*2]と呼んだ四四フィートの深さの根っこが地中に埋められている。地上一四階の各層床はそれぞれその幹からキャンティレバーで水平に広がり、二層ごとに主階とメザニンを繰り返す。実験室とそれをサポートする階のペアになっている。その二層にまたがるパイレックス・チューブの開口が設けられ、層状構成を表出している。だから、北側に離れて見るとコアと床スラブによる樹状構造が透けて見える。

ライトは経済的合理主義によって鉄骨フレーム構造で床面積を最大化するシカゴフレーム[*3]の高層建築を受け入れない。柱はあくまで有機的なものと考えられている。管理棟で希求されたのは柱そのものであり、またそれが林立する空間である。研究棟ではそれが建物自体に拡張された。そしてその後の、たとえばプライスタワーなどに展開された。（I I）

ジョンソン・ワックス本社・
管理棟＋研究棟
Johnson Wax Company,
Administration Building
and Research Tower
フランク・L・ライト
1939・1940代
ウィスコンシン州ラシーン
アメリカ

## せんだいメディアテーク

# 中空の柱

　せんだいメディアテークは図書館、イベントスペース、ギャラリー、スタジオを収容する複合施設であり、仙台市の定禅寺通りに面して建つ。意匠設計は伊東豊雄、構造設計は佐々木睦朗が担当する。建物はフロアごとに階高の異なるフラットスラブ、海藻のように屈曲する中空の柱、それらを包むガラススクリーンで構成される。太さと透過性が異なる中空の柱は不規則に配置され、中空部にはエレベータ、階段、各種設備が収容されるとともに、風や光の通り道となる。

　屈曲する鉄骨の柱にはそれぞれ構造性能に基づく個別のかたちが与えられる。水平力を負担する四隅の柱の断面は太く、部材は三角形のラティス状に組まれる。鉛直荷重のみを負担する柱の断面は細く、部材は垂直方向に接合される。柱の屈曲により生じる座屈に対しては、円柱をねじることで対応する。

　意匠、構造、設備の要求を統合し、個別の表情を与えられた一三本の柱は弱い中心としてその周囲に緩やかな場を発生させる。均質なフラットスラブ上に不均質な場の分布が生み出され、伊東はそれを水流の中に発生する渦にたとえる。近代建築のユニヴァーサル・スペースとは異なる質を獲得した空間は、さらに多様な表情を与えられる。周辺環境との応答により表層スクリーンの透過度が操作され、フロアごとに異なる照明と家具デザインが採用される。そして、そこに人が加わり、思い思いの時を過ごし、それぞれの活動に携わることで、メディアテークの空間が完成する。

　メディアテークの床、柱、スクリーンというシンプルな構成が示すように、伊東の生み出す建築はつねに支えることと囲うことの相克の中で成立する。初期のプロジェクトでは厚い囲いや多重の囲いの形式が試みられ、支えは囲いの中に吸収され不可視である。囲いはやがて薄い被膜へと変容し、それに伴って支えが可視化される。しかし、支えはあくまでも囲いを成立させるための脇役であり、可能なかぎりその存在を感じさせないように処理される。

　せんだいメディアテークはそれまでの囲い主体の建築像が変化する契機となる。柱が主役に抜擢され、支えであるはずの柱は同時に中空の囲いとなる。それ以降、伊東の作品では、優れた構造設計者との協働を通して支えと囲いの融合が一気に加速する。伊東による支えと囲いの探求は、白磁の盃のような観客席、軽やかに揺らめく屋根、象徴的な丸太の列柱で構成される新国立競技場設計案においても明確に示される。（ＫＩ）

せんだいメディアテーク
伊東豊雄
2000
宮城県仙台市

## 原始の小屋から薪小屋づくり

# 大地に柱を建てる



建築は大地の上に建つ芸術である。それを支えるのが柱であり、柱は大地の上に聳え建ち、大地と建築を結びつけ、屋根を支えて大空と建築とを結びつける。

もちろん洞窟住居や日干しレンガなどの組積造や、壁のみでつくられ、柱がない建築も存在している。しかし、人間にとって柱は、力学的に建築を支えるだけでなく、地球の上に人間が立つのと同様に、建築のもつ根源的な力を象徴している。そのことは、三内丸山遺跡や真脇遺跡など、多くの縄文時代の遺跡で想定復元されている巨大構造物の柱や柱列から、古代ギリシア神殿の柱、古典建築のオーダーなど、多くの事例によって示されている。

さらに興味深い例として、一八世紀フランスのイエズス会の司祭ロジエの著書『建築試論』の扉絵に描かれているプリミティブ・ハット（田野の小屋[*1]）が挙げられる。そこには、立木を用いた四本の柱、枝の丸太で架けられた梁と桁、その上に屋根のかたちに三角形に載せられた枝が描かれている。当時、華美で装飾的なバロックやロココ様式が流行していたことに対して、この絵で表現されているような原始的・根源的なものにこそ、建築や美の本質があることを強く訴えている。

この指摘は、今日、多くの人が縄文遺跡の柱や、ギリシア神殿を見て感動することにつながっている。高度に複雑化し、情報過多な現代の暮らしにおいては、ものの本質や原点が見えにくくなってしまっている。

近年、そのような動向への反発あるいは原点回帰のひとつとして、身体を使って建築をつくる活動が活発に行われている。実際に自分の手で柱や杭を大地に打ち込んだ経験のある人は誰しも、大地の反動と同時に柱が大地に喰い込んでいく感覚、自分の身体と柱（建築）と大地が一体となる感動、柱が大地に刻まれたときの喜びをけっして忘れないに違いない。

二〇年ほど前、能登の里山への移住を機に、木を伐ることからの家づくり、学生たちと薪小屋づくりなど、様々な「手で考えて身体でつくる」ワークショップが行われている。大学では、一坪ほどの小空間（シェルター）を地元の木材を用いて原寸大でつくる授業が実施され、毎年、学生たちは手にマメをつくりながら、大地に杭を打ち込む作業と格闘している。

建築を学ぶうえで、模型や図面はもちろん、多様な知識も大切である。しかし、手と身体で学ぶことは、建築の始原と基本を学ぶ最も根本的なことではないだろうか。（KH）

薪小屋づくり
ワークショップ
2017〜
石川県輪島市三井町

## 一節　柱

★（　）内は原著の刊行年

文献1　ジョン・サマーソン、鈴木博之訳『古典主義建築の系譜』中央公論美術出版、1989(1966)

文献2　Frédérique Lemerle, Yves Pauwels, Sophie Descat, et.als.,"Histoires d'ordres -Le langage européen de l'architecture", Brepols, 2021

＊1　文献1、p.28

### 感覚的な建築の再発見　パエストゥム

文献　Sigrid de Jong, "Rediscovering Architecture: Paestum in Eighteenth-Century Architectural Experience and Theory", Paul Mellon Centre, 2015

### 円柱の森　メスキータ

文献　伊藤喜彦「再利用による創造　増改築による保全　コルドバ大モスク（786-1523）」シンポジウム「時間のなかの建築　リノベーション時代の西洋建築史」2014

＊1　クロード・レヴィ=ストロース、大橋保夫訳『野生の思考』みすず書房、1976(1962)

参照1　Historic Centre of Cordoba, UNESCO World Heritage List (website)

参照2　Homepage Mosque-Cathedral Monumental Site of Cordoba, Discovering the monument (The building, The history, Chapels, Masterpieces)(website)

### 柱と柱列のつくる空間　唐招提寺金堂

文献　鈴木嘉吉編『日本の美術』第65号「上代の寺院建築」至文堂、1971・10

＊1　平面は桁行七間×梁間四間で、そのうちの手前一間が吹き放され、拝所となっている。

＊2　日本建築史の研究者、東京帝国大学名誉教授。

＊3　關野貞「唐招提寺金堂（大和國生駒郡都跡村大字五條）」『建築雑誌』vol. 203, p.494, 1903・11

＊4　断面図からの概算。ちなみに内部の天井高は前後の入側柱間寸法とおおむね同じで正方形断面に近い。

### 原初の柱　新宮熊野神社長床

文献1　宮澤智士他「会津喜多方新宮熊野神社長床の建築年代研究」『長岡造形大学研究紀要』11号、2014

文献2　木造建築研究フォラム『図説木造建築事典 実例編』学芸出版社、1995

参照　喜多方市教育委員会「現地説明板」

## 幾何学のメスコランツァ　アルーケースナンの王立製塩工場

文献1　白井秀和『ルドゥー「建築論」註解I』および『ルドゥー「建築論」註解II』中央公論美術出版、1993および1994(1804)

文献2　Daniel Rabreau, "La Saline royale d'Arc-et-Senans, Un monument industriel: allégorie des Lumières", Belin Herscher, 2002

文献3　小澤京子『ユートピア都市の書法　クロード＝ニコラ・ルドゥの建築思想』法政大学出版局、2017

＊1　文献1、『ルドゥー「建築論」註解II』p.9

## 有機的な柱　ジョンソン・ワックス本社・管理棟＋研究棟

文献『GA 1　フランク・ロイド・ライト　ジョンソン・ワックス本社』エーディーエー・エディタ・トーキョー、1970

＊1　『GAトラベラー　007　フランク・ロイド・ライト〈アーキテクチャー〉』エーディーエー・エディタ・トーキョー、2003、p.61の図面による。

＊2　前掲書 p.15

＊3　1880年頃にシカゴで開発された鉄骨フレーム構造で、高層建築の先駆けとなった。

## 中空の柱　せんだいメディアテーク

文献1　伊東豊雄『伊東豊雄自選作品集　身体で建築を考える』平凡社、2020・8

文献2　『GAディテール2　伊東豊雄　せんだいメディアテーク 1995-2000』エーディーエー・エディタ・トーキョー、2001

参照　伊東・日本・竹中・清水・大林共同企業体「新国立競技場整備事業に関する技術提案書」H27.11.16, Japan Sport Council (website)

## 大地に柱を建てる　原始の小屋から薪小屋づくり

文献1　丸山欣也『かたちの劇場　丸山欣也造形教室』建築資料研究社、2010

文献2　萩野紀一郎「「見る・聞く・描く」建築から「さわる・つくる・感じる」建築へ」『NPO木の建築』52、2021

文献3　日本建築学会建築教育委員会デザイン／ビルド教育ワーキング・グループ『手で考えて身体でつくる―デザイン・ビルド建築教育の可能性』日本建築学会大会（東海）パネル・ディスカッション資料、2021

＊1　本書 p.8 ＊6を参照。

第一章　要素

# 二節　壁

壁は隔て、そして囲う。ロバート・ヴェンチューリは「内部と外部とは異なるものであるから、その変化のポイントである壁が、一つの建築的な出来事になる。建築は内部と外部の用途上の、そして空間的な力が出会うところに生じる」[*1]と書いている。つまり、壁に隔てられた向こう側の外部とこちら側の内部とでは求められる空間の性質、そして具体的なあり方が異なっている。壁はその異なる空間を切り分け、それぞれの空間を具体化する要素としてまず捉えることができる。

建築とは内部空間をつくることであるから、その内部空間とはいかなるものかという問いが生まれる。建築論の中心課題のひとつであるが、ここではわかりやすく心安らぐアットホームな空間としておこう。その心地よい空間は多くの場合、壁によって囲われた空間である。壁の外側は他者の、あるいは他者と共存する空間であり、内側は自己の、あるいは親しい人たちとともに住まう空間である。その壁のあり方は風土、文化、気候、時代などありとあらゆる事象を映して多種多様である。たとえばルイス・カーンは壁が二重になり、一部が空間やガラスになり、といった壁のあり方を探求した。また、日本の伝統的な木造建築は薄い、時には着脱可能な軽やかな壁で幾重にも囲われている。

建築をつくる方法には大きくふたつある。まず壁をつくって、そこにいかに穴を開けるかを問題とする方法。そして、まず柱梁のフレームをつくって、その穴をいかに塞ぐかを問題とする方法である。壁を先につくる方法は、石やレンガを積み上げる組積造に代表される。組積造の壁はその上の床や屋根や壁を支えている耐力壁である。配置の自由度が低い。一方、フレームを先につくる場合は壁が自由である。ここでは壁と開口の区別が曖昧にすらなる。ライトのプレーリーハウスも、ル・コルビュジエのドミノ・システムもこのことを示している。(II)

## コンフォート・スター邸

# 荒野との対峙

コネチカット州ギルフォードは、他のニューイングランドの町と同様に、ヴィレッジ・グリーンを囲むように家々が並び、そこから徐々に周囲に発展していった。ヴィンセント・スカーリーが「初期アメリカの強烈なイメージ」と表現した町である。[*1] コンフォート・スター邸は、グリーンを囲む古い四本の道のひとつであるステイト通りがグリーンから少し北に伸びたあたりに建っている。メイフラワー号がプリマスに着いた一六二〇年から約二五年後の一六四五年頃に建てられた、アメリカで最も古い住宅のひとつである。

家の真ん中に大きな暖炉がある。それによって仕切られるホールとパーラーの二室、二階にも二室、それらが急勾配の切妻屋根に覆われている。裏に台所、パントリーが入るリーン・トゥという下屋が増築される。ソルトボックスという、一七世紀から一八世紀初頭にかけてのニューイングランドの植民地住宅に典型的な形式である。基礎と暖炉は地元の自然石で組まれている。それ以外は構造も仕上げもほぼすべてがオーク材でできている。

アメリカの初期入植者にとってニューイングランドの自然はあまりに厳しく、外の気候を遮断し、内部、すなわち家族を守ることが最重要課題であった。そのため外壁は閉鎖的であり、内部と外部とを切り分ける。頑丈な境界をつくることが重要である。ここでは、内部を包み込む外壁にこねた土と草を入れ、断熱性能を少しでも上げようとしている。[*2] 外壁の仕上げは下見板張りである。閉じることが目的と言ってよいほど、開口は小さい。玄関は幅一メートル弱、高さ二メートル弱で大人ひとりが通れる大きさである。内開きの玄関扉はドアの支配権を確保する。そして、窓もとても小さく、数が少ない。正面にはそれぞれの部屋にひとつずつと二階の廊下にひとつの合計五つ。建てられた当初は妻面の窓もそれぞれの部屋にひとつしかなく、固く閉じて、そして、しかし開いている。

外から見た家は、均一の素材で囲まれることで、皮膜のように感じられる。中心に立ち上がる大きな煙突が住まいのあり方を表出する。全体としてシンメトリーの、家のイメージそのものの単純な幾何学形態。装飾はほとんどない。そして、真っ白に塗られて、周囲の緑と、青い空と、際立った対比を見せている。ニューイングランドの澄んだ空気の中に、生活空間をしっかりと包み込む外壁。その周囲に対しては、帰るべき場所としての内実と、厳しい環境の中で生きていく決意とを示している。（ＩＩ）

コンフォート・スター邸
Comfort Starr House
1645頃
コネチカット州
ギルフォード、アメリカ

## サン・カルロ・アッレ・クアトロ・フォンターネ

# 調停する壁



内部が完全であるときに、完全でない外部とどのように関係をもつことができるか、という問いである。

聖堂平面はふたつの正三角形を菱形に合わせ、各頂点を半円形ないし半楕円形にふくらませて入口と祭壇としている。それらのニッチは各四本の柱によって全体から分節されているが、頂部を結ぶエンタブラチュアによって統合されてもいる。そしてそのコーニスのラインはふたつの円が組み合わされた楕円形である。[*1]入口と主祭壇を結ぶ長軸と両脇祭壇を結ぶ短軸とで十字を構成する。ペンデンティブ上に楕円形ドームが載り、中央のランタンから陽が差し込む。安定しながら揺れ動く、求心性と長軸性と上昇性とがそれぞれ自律し、同時に融合された、真に劇的な空間である。

聖堂は尾根道であるクイリナーレ通りと丘を横切るクアトロ・フォンターネ通りの交差点南角にある。四つ角にそれぞれ泉のある擬似的広場[*2]に面しており、外部空間との関係が問われる。しかし、ふたつの街路は直角ではなく、敷地は約一〇〇度の鈍角の角である。そして聖堂の軸はふたつの街路のいずれとも平行直角の関係にない。それぞれおよそ四度、六度のずれがある。

外形は素っ気なく、内部のような統一感は全く感じられない。聖堂以外の主要部である修道院と中庭は、聖堂の二軸の直交グリッドに載っている。そのため街路との境界部分がくさび形になる。つまり、街区形状との関係はオープン・ポシェ[*3]によって処理されている。聖堂付属のふたつの小礼拝室、回廊への通路、クリプトと鐘楼に通じる階段は、聖堂と街路の間の分厚い壁体に埋め込まれている。「コムロンガンスキーマ」[*4]である。完全な聖堂の周囲は、カーンの言うサーヴァント・スペースによって充填されている。

ヴェルフリンによれば、長軸建築は何としてもファサードを必要とする。[*5]外部では、その聖堂ファサードだけが際立っている。素っ気ない外形に貼り付けられたかのように。内部空間を表出するファサードは、平面の軸からは四度ほど北、つまり交差点側に振れている。それで街路と平行になる。それを構成する四本柱は内部のニッチを予兆する。うねる壁面とエンタブラチュアにしたがって、柱自体は向きを変えながら、それでも直線状に並ぶ。内部での円や楕円に沿う配置とは異なっている。そして、うねるファサードは斜めからの、ここでは交差点側からの眺めを要求する。[*6]

厳格な幾何学に基づく完璧な内部空間をつくる壁、そこには、古くからありのままにある街路との苦闘が刻まれている。(I I)

サン・カルロ・アッレ・クアトロ・フォンターネ
San Carlo alle Quattro Fontane
フランチェスコ・ボッロミーニ
1641-1667
ローマ、イタリア
写真上：市原璃子

## サン・フランシスコ・デ・アシス

# 大地から立ち上がる壁

土でできている。土はその場所にある。土でできた建築はその場所とつながっている。大地と連続する、というより、大地の起伏そのままの建築。アメリカ南西部、プエブロ・インディアンの建築。ジョージア・オキーフが愛し、ジョージ・クブラーやヴィンセント・スカーリーが探索した。[*1]

壁の根元的なあり方を示す例として、まさに根元的と言える。その場所にある土をこねてつくった日干しレンガを積み、土で塗り固めてできた壁で囲い込む。そして内部と外部とをつなぐ分厚い開口をうがつ。日干しレンガを積む以上組積造であろう。しかし、塗り込めた土と一体化して、つまり地球とモノコックになる。

その、場所に刻印された建築と、メキシコを介してもたらされたキリスト教の求める空間とが融合した。その結果としての土の教会堂。一万年以上前にベーリンジアを渡ったアメリカ先住民の建築文化と、一五世紀末に大西洋を西進したキリスト教との邂逅。そこで生まれた新たなかたち。土の厚い壁とラテン十字の平面形。厚い壁に囲われた闇と、交差部上部のクリアストーリーから照射される光との出会い。

キリスト教はすなわち外来であって、彼らは美しい神話の世界を生きている。彼らの神話によれば今は第四の世界ツワカキ[*2]で、祖先は大地の裂け目を這い上がって、シパプ[*3]という穴から出現した。そもそも大地と切断し得ない世界観、宇宙観をもっている。そして、土の建築は彼らがいまだに地中にいることを可能にしている。

この建築のあり方は、先祖であるアナサジ・インディアンから継承されたものである。土の壁の上部にヴィーガ（梁）を渡し、その上に枝を架け、日干しレンガと土で覆う。つまり四周上下を土で覆われた内部空間である。彼らの住宅は教会と同様に地上にあるが、神事の場所であるキーヴァは地下空間で、屋根が地面と平らである。建築の壁の問題として捉えるならば、その壁は厚く強固である。内部と外部を切り分けるというよりも、囲い込む力の強い閉鎖性を大きな特徴とする。

ところが、この壁は地上に現れて、かつ土でできている。それゆえに、つねに変形している。強い日差しと雨にさらされ、土の壁は削られる。それを人々は都度直しながら維持している。もとのかたちに完全に戻ることはおそらくなく、徐々にかたちが変わっていく。そのため訪れるたびにかたちは変わっているはずである。しかしこの場所の建築は同じ素材と同じ方法でつくられ、風景としては変化することはない。（ＩＩ）

サン・フランシスコ・
デ・アシス
San Francisco de Asis
1780頃
ニューメキシコ州
ランチョ・デ・タオス
アメリカ

## 掬月亭

# 一二八枚の雨戸

掬月亭は香川県高松市にある栗林公園の南湖のほとりに建つ。栗林公園は紫雲山を借景とする池泉回遊式の大名庭園で、歴代高松藩主の下屋敷であった。掬月亭は藩主が舟遊びや観月などに使用する茶屋で、南湖に張り出すように建てられる。掬月亭の名は唐の詩人于良史の「水を掬すれば月手中に有り」に由来する。建物は平屋の数寄屋風書院造で、屋根は寄棟造の柿葺きである。柿葺き屋根は軽量ゆえに柱は細く壁は少ない。建物は全体に軽やかな雰囲気を備える。

雁行する建物外周は縁側で囲まれ、そこに一二八枚の雨戸が取り付く。柱の外側にひと筋の戸溝が設けられ、雨戸は戸溝を滑り、戸袋に収納される。出隅では鴨居と敷居の戸溝が雨戸幅の半分ほど削られる。鴨居と敷居の枠から半分ほど飛び出すことで雨戸は戸溝の拘束から解放されて別の面へ直角に回転することができる。出隅には戸廻し棒が設置され、回転の際の雨戸の転倒防止と回転補助の役割を担う。雨戸は戸廻し棒を支点に回転し、次の戸溝に進む。通常であれば各面に現れるはずの戸袋は、眺望を妨げない位置に集約され、室内から庭園への視界が十分に確保される。

掬月亭は現在、一般公開されている。栗林公園の開園時間になるとスタッフの手によって一二八枚の雨戸が戸溝を滑り、出隅で回転し、戸袋に消える。昼間は庭園と一体となった開放的な表情を見せ、座敷は障子で柔らかく包まれる。縁側からの出入りが想定されたつくりであり、視覚のみならず身体的な開放性を備える。

閉園時間になると一二八枚の雨戸が戸袋から現れ、建物全体を包む。その閉鎖的で防御的な姿は、昼間の開放的な表情と対照的である。可動建具の開閉に伴う外観と空間の劇的変化は、日本の伝統建築の備える特徴であり、それは庭園建築において顕著である。

デザインという言葉は日本語の意匠に相当し、イメージ（意）をかたちにする（匠）ことを意味する。建具が開け放たれた掬月亭の座敷に座り、湖面に浮かぶような感覚に浸りながら建物細部を観察すると、意匠という言葉の意味するところが素直に理解できる。掬月亭の名もなき設計者は、眼前に広がる空間とそこに身をおいた際の心持ちを明確にイメージし、それに導かれるように、柿葺きの屋根、軒裏、細い柱、縁側、手すり、障子、雨戸、戸袋、戸溝、戸廻し棒のひとつひとつの細部に適切なかたちを与えている。（ＫＩ）

掬月亭、17C、香川県高松市栗林公園

## バルセロナ・パヴィリオン

# 壁のあちらとこちら

「二つのレンガを注意深くつなげるときに、建築が始まる」[*1]。石工の三男として生まれ、レンガ職人の修行も行ったという[*2]ミース・ファン・デル・ローエの言葉である。その言葉はその後、建築家としての素材に対する精妙な扱いと、それを敷衍した空間そのものに、緊密につながっている。ミースの建築のありようを最もよく表していると言ってよい。

一九二四年のレンガ造田園住宅プロジェクト。そこに描かれた壁は、紙の端まで伸びている。すなわちどこまで伸びているかわからない。ここでの壁は囲い込むことをしない。ただ平面を、すなわち空間をあちらとこちらに切り分ける。レンガを実際に積んだミースは、レンガを積むことで、空間があちらとこちらに分かれていくことを体験したに違いない。そのことがこの壁の意味だと思える。囲い込まないI型、L型、T型の壁は、平面上にひとつひとつ挿入されることで、空間に濃度が生まれる。濃いところが内部となっていくかに見える。ここでの表現に開口はおよそ意識されない。

このプロジェクトに示された壁の概念は、一九二九年のバルセロナ・パヴィリオンで実現される。しかしそれらはすでに同じではない。レンガ造田園住宅では壁は構造体である。おそらくそのためにL字やT字の壁が必要であった。L字の出隅側から見ればそれは箱の建築と同じに見える。それに対して、バルセロナ・パヴィリオンには柱がある。しかも十字型断面のクロームメッキの眩い柱である。

まずトラバーチンの基壇がある。そして、八本の柱に支えられた陸屋根がある。三・一二メートル離れたそのふたつの水平面が、内部のような空間をいったん規定している。南北にふたつあるプールはどちらも壁で囲われている。南側はアプローチのアイストップのように、北側ではコの字型の壁が屋根の下まで伸びて、内部と一体となるとともに空に抜けている。それらはパヴィリオンの内と外の世界を分ける要素としてある。

隔離された内部空間はもはや自由である。自立するオニキスの壁は美しい。それ自体に意味があって、かつ、空間をあちらとこちらに分ける。ガラスの壁は文字どおりの透明性によって、空間を連続させる。トップライトに対応する半透明の壁は光を放つ。そして、これらの壁によって空間は閉じることはなく、流れ出す。そして、ピカピカの壁は反射する。外の世界まで巻き込んで反射する。いったん達成された内外の区別はやはりないかのように。そして空間の濃度が変わらない。やはりどこにも内部はないかのように。（ＩＩ）

バルセロナ・パヴィリオン
El Pabellón Alemán de Barcelona
ミース・ファン・デル・ローエ
1929
1986再建
バルセロナ、スペイン

## マサチューセッツ工科大学チャペル

# 波打つ壁



マサチューセッツ工科大学チャペルは特定宗派に属さない礼拝堂として一九五六年に完成する。設計はエーロ・サーリネンである。チャペル外観は直径一五メートル、高さ九メートルの窓のないシンプルなレンガ壁の円筒である。チャペルの空間軸は、大学の象徴であるグレート・ドームに面するキリアンコートの中心から伸びる東西軸と一致する。軸線西面に祭壇、東面にエントランスが置かれる。

エントランスは円筒東面に貫入する直方体ヴォリュームとして、円筒と独立して設置される。エントランスは両面ともステンドグラスで構成され、その明るさは礼拝堂内の暗さと対比的である。

シンプルに見える円筒形のレンガ壁にはサーリネンによる多彩な建築操作が仕込まれる。外観でまず気づくのは壁下端の極端に低いアーチである。しかもアーチのスパンは位置により異なり、その奥には湾曲したコンクリート壁が見える。礼拝堂内部に入るとまずレンガ仕上げの波打つ曲面壁が目に入る。壁下端の内側には木製仕上げの同じく波打つ腰壁がある。

チャペルの壁は内外二重構造であり、礼拝堂内の音響のために内壁には波打つ形状が与えられる。木製腰壁との隙間には水平なガラスがはめられ、下方から自然光が入る。外観で見た湾曲したコンクリート壁はこの腰壁の一部であり、壁下端の低いアーチは下方からの光を内部に導く開口となる。チャペル周囲は水を張るように設えられ、外部で風が吹き水面が揺れると、それが光に変換され、内壁に反映される。

祭壇中心は円筒の中心とずれている。祭壇の中心から一定角度で放射線を引き、円筒形の外壁との交点をプロットする。この交点を基準にアーチと波打つ壁の形状が設定される。交点の間隔は位置によって異なるため、波打つ内壁の周期も、外壁下端のアーチのスパンも位置により異なる。内壁のレンガは平滑ではなく、凹凸をつけた粗い積み方が選択される。光の状態に応じて生み出される影が変化し、壁が豊かな表情を見せる。内壁には部分的に小さな開口がある。人の声を聞きとりやすくするための吸音処理であるが、その開口もまた壁の表情の一部として意匠的に統合される。

祭壇上部には円形のトップライトが設けられ、その下には金属片のスクリーンが設置される。波打つレンガ壁の穏やかな光の戯れとは対象的に、ここでは鮮烈に可視化された光が人々の意識を天空へと誘う。（ＫＩ）

MITチャペル
MIT Chapel
エーロ・サーリネン
1956
マサチューセッツ州
ケンブリッジ
アメリカ

## イエール大学バイネッキ稀覯本図書館
# 透光する壁

バイネッキ稀覯本図書館はイエール大学が所有する貴重な文献や文書を収蔵する。卒業生のバイネッキ家の寄付のもと、設計事務所ＳＯＭのゴードン・バンシャフトの設計により一九六三年に開館する。

イエール大学は一七〇一年に全米で三番目に古い大学として創立する。イギリスのオックスブリッジに倣って全寮制のカレッジ制度を導入し、クォードラングル(中庭)形式のカレッジ・ゴシックの建物がキャンパス中心部を占める。一九五三年、キャンパスで最初の近代建築としてルイス・カーン設計のイエール・アートギャラリーが建設される。そして、その一〇年後、ポール・ルドルフ設計の建築芸術学部棟とバイネッキ図書館が完成する。

バイネッキ図書館は稀覯本や貴重文書の収蔵と展示に特化しており、通常の図書館と空間構成が異なる。地上階はすべて稀覯本や貴重文書の展示スペースに割り当てられ、閲覧室や書庫等の諸室はすべて地下に収容される。地階には閲覧室の採光のためのサンクンガーデンが設けられる。サンクンガーデンのデザインは彫刻家のイサム・ノグチが担当する。白大理石でつくられた庭には四角錐、円、立方体の抽象彫刻が並ぶ。

地上階は中央にガラス張りの六層の本棚が設けられ、およそ一八万冊の本が収容され、展示される。その周囲の二階レベルに床が設置され、来館者はそこから展示本棚にアクセスする。

展示スペースは白い直方体フレームで覆われる。直方体フレームは正方形グリッドに分割され、四隅の柱の上に据えられる。一階はピロティとなり、セットバックした位置でガラスが四周を囲む。直方体フレームは鉄骨の構造材と立体加工された御影石の化粧材によって構成され、そこに薄くスライスされた白大理石がはめ込まれる。立体加工された御影石のフレームは大理石パネル上に特徴的な影のパターンを描く。時間と季節に応じて影は刻々と変化し、建物の表情を変える。

直方体フレームには窓がいっさいなく、白大理石パネルが室内のコレクションを太陽の熱と日射から守る。ただし、スライスされた大理石は一定の透光性を併せもつ。外観は白亜の建物であるが、内部ではこの透光する壁の効果によって、全く異なる様相の空間が現象する。大理石パネルを透過した光はオレンジ色に着彩され、室内を柔らかく照らす。逆光によって大理石の縞模様が浮かび上がり、それが空間に豊かな表情を与える。（ＫＩ）

イエール大学バイネッキ
稀覯本図書館
Beinecke Rare Book &
Manuscript Library,
Yale University
SOM
1963
コネチカット州ニューヘブン
アメリカ

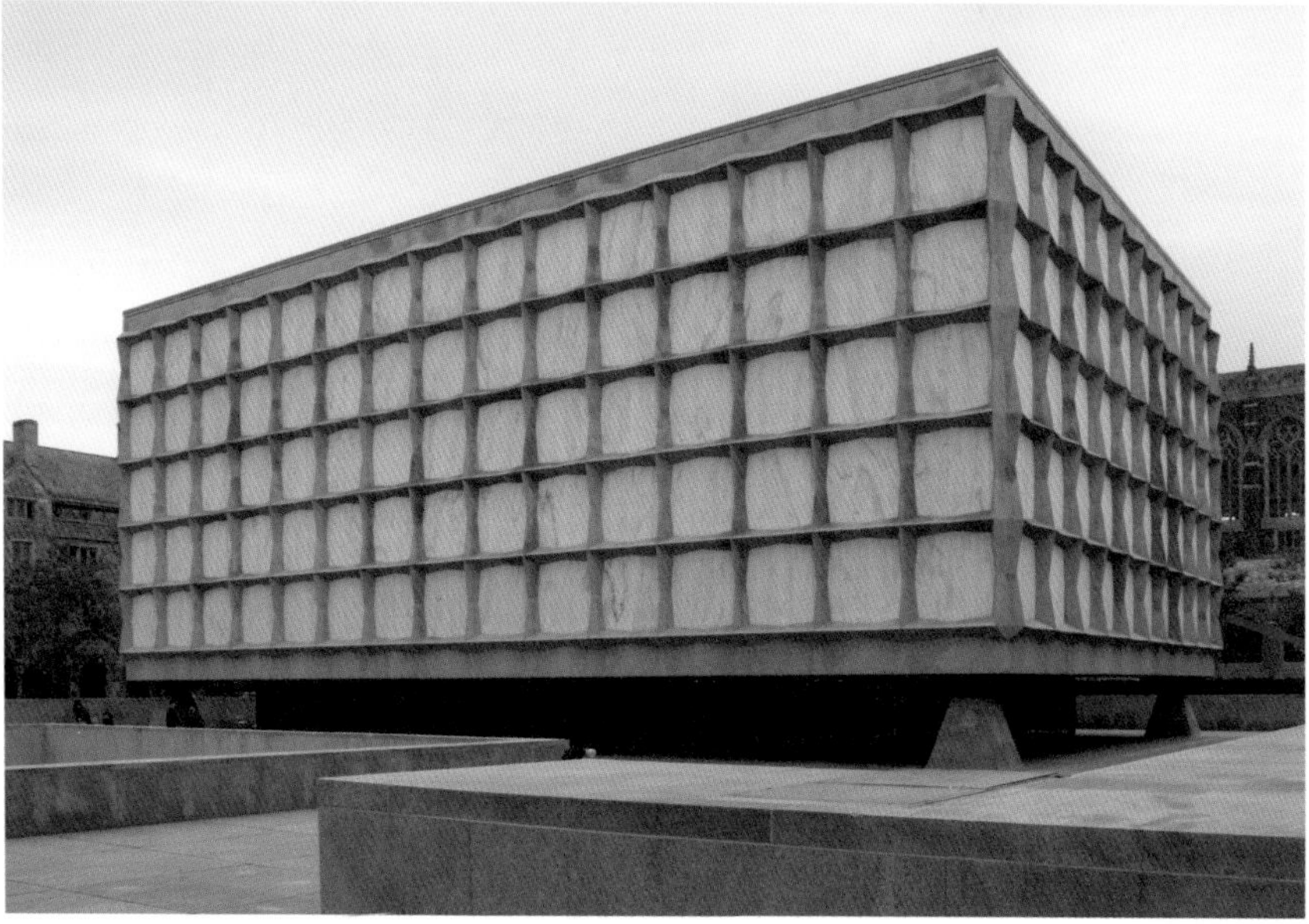

## 東京大学工学部一号館

# 保存された壁

一九二三年、関東大震災により東京大学本郷キャンパスはその大部分が倒壊する。当時、工学部教授であった内田祥三はキャンパス復興計画に尽力する。巧みな軸線構成による配置計画のもと、各建物はカレッジ・ゴシックを範とする内田ゴシック様式で統一的にデザインされる。工学部一号館はこの復興計画によって一九三五年に竣工する。一九九〇年代になると教育研究環境の改善を目的とするキャンパス再開発計画が進められ、工学部一号館は一九九六年に改修と増築を完了する。設計は当時の建築学科教授であり、キャンパス計画を主導した香山壽夫が担当する。

工学部一号館の既存部分は保存改修され、中庭と建物背面に増築が行われる。中庭は光庭を確保したうえで二階レベルに床が新設され、下階に実験室、上階に製図室や図書室が挿入される。増築部はガラス張りの中央部と東西の居室部で構成され、既存外壁に接するように廊下が新設される。既存外壁頂部と増築部の接合部にトップライトと吹抜けが設けられ、自然光による陰影が既存外壁の意匠を際立たせる。既存部中央の八角形凸部周囲には、バリアフリーのためのスロープ、階段教室にアクセスするためのメザニンフロア、建築学科図書室のブラウジング・スペースが新設され、それらがガラスによって軽快に包まれる。

工学部一号館を訪れるとき、私たちは多様な壁と出会う。大きな銀杏のある広場を囲むファサードの壁。内部化された二層吹抜けの製図室を囲む中庭の壁。増築部廊下でピナクルやフィニアルの装飾を間近に見ることのできるかつての外壁。背面下層の講義室周辺で螺旋状の人の動きを促し、上層の建築学科図書室で雰囲気の異なる二種の空間を生み出す八角形の壁。

それぞれの壁に設けられた窓の扱いも多様である。ファサードには環境性能と耐候性を備えた新たなアルミサッシが装着され、耐候性が不要となった中庭の壁には複数の開口形式が複合されたオリジナルの鋼製窓が一部保存される。増築部廊下の窓は通路や出入口の開口以外は埋められて痕跡のみが残る。背面の八角形壁は、下層でははめ殺し窓とされ、螺旋状に移動する教師や学生が内部の講義の様子をうかがうことができる。上層の建築学科図書室では八角形壁の窓は木製の枠と本棚によって丁寧に設え直され、上部に残された開口が柔らかな光を閲覧室内部にもたらす。

こうして建物保存という方法が選択されたことによって、建築を学ぶ学生たちは多様な壁と対話する豊かな機会を得ることになる。（ＫＩ）

東京大学工学部一号館
香山壽夫
1996
東京都文京区

## 二節 壁

★（ ）内は原著の刊行年

＊1 ロバート・ヴェンチューリ、伊藤公文訳『建築の多様性と対立性』鹿島出版会、１９８２(１９６６)、p.162。(ヴェンチューリの英文をあらためて訳出した)。

### 荒野との対峙 コンフォート・スター邸

文献 Sarah Brown McCulloch, "Guilford: A Walking Guide-The Green & Neighboring Streets-", The Guilford Preservation Alliance, 1989

＊1 Jim Renko, "Welcome to Guilford", ERA-AM Associates, 1989, 表紙

＊2 Historic American Building Survey, "The Comfort Starr House, Guilford, Connecticut, Photographs, Written Historical and Descriptive Data", pp.1-2

### 調停する壁 サン・カルロ・アッレ・クアトロ・フォンターネ

文献1 湯澤正信『劇的な空間 栄光のイタリア・バロック』丸善、１９８９

文献2 長尾重武『ローマ バロックの劇場都市』丸善、１９９３

＊1 幾何学的に正確な楕円形ではなく、四つの円弧を組み合わせた擬似楕円形である。バロックの特徴として楕円形が挙げられるが、定義的楕円とは異なっていることが多い。

＊2 クリスチャン・ノルベルグ＝シュルツ、川向正人訳『住まいのコンセプト』鹿島出版会、１９８８(１９８４)、p.60。街路が交わる交差点を、特別な意味をもつ都市空間として、「擬似的広場」と考えてよいことを説明している。

＊3 ロバート・ヴェンチューリ、伊藤公文訳『建築の多様性と対立性』鹿島出版会、１９８２(１９６６)、p.152。カーンのサーヴァント・スペースのように主空間に向かって開かれた残余空間をオープン・ポシェと呼び得るだろう、としている。

＊4 香山壽夫「ルイス・カーンの建築の形態分析」『新建築学体系6 建築造形論』彰国社、１９８５、p. 329。カーンが好んだ、スコットランドのコムロンガン城の平面に由来する、厚い壁の中に小部屋が配された構成原理。香山壽夫による用語。

＊5 ハインリッヒ・ヴェルフリン、上松佑二訳『ルネサンスとバロック』中央公論美術出版、１９９３(１８８８)、p.80。

＊6 パウル・フランクル、香山壽夫監訳『建築史の基礎概念』鹿島出版会、２００５(１９１４)、pp.275-277。

### 大地から立ち上がる壁 サン・フランシスコ・デ・アシス

文献1 ヨウ箱守、市原出『ニューメキシコの建築 石と土と光の教会』丸善、２０００

文献2 George Kubler, "The Religious Architecture of New Mexico in the Colonial Period Since the American Occupation", Texas Bookman, 1990 (1940)

＊1　プエブロ・インディアンはアメリカ南西部、プエブロ（町、村）に定住する先住民。彼らの建築や文化については、文献1を参照。

＊2　フランク・ウォーターズ、林陽訳『ホピ　宇宙からの聖書　神・人・宗教の原点』徳間書店、１９９３（１９６３）、pp.50-52

＊3　前掲書 p.54、シパプニとも。

## 二二八枚の雨戸　**掬月亭**

文献1　中村好文『意中の建築 下巻』新潮社、２００５

文献2　早稲田大学中谷礼仁研究室『柱間装置の文化誌』窓研究所、２０１９

参照　公益社団法人香川県観光協会、うどん県旅ネットホームページ（特別名勝栗林公園、栗林公園の歴史 open pdf）

## 壁のあちらとこちら　**バルセロナ・パヴィリオン**

文献　ケネス・フランプトン他、澤村明＋ＥＡＴ訳『ミース再考　その今日的意味』鹿島出版会、１９９２（１９８６）

＊1　Walter F. Wagner Jr., "Ludwig Mies van der Rohe: 1886-1969", Architectual Record Sep. 1969, p.9

＊2　フランツ・シュルツ、澤村明訳『評伝 ミース・ファン・デル・ローエ』鹿島出版会、１９８７、pp.14-15。ペーター・ブレイク、田中正雄、奥平耕造訳『現代建築の巨匠』彰国社、１９６７（１９６０）、p.165

## 波打つ壁　**マサチューセッツ工科大学チャペル**

文献　『エーロ・サーリネン』a+u臨時増刊号、エー・アンド・ユー、１９８４・４

参照　AD Classics: MIT Chapel/Eero Saarinen, ArchDaily (website)

## 透光する壁　**イエール大学バイネッキ稀覯本図書館**

参照1　History and Architecture, Beinecke Rare Book & Manuscript Library homepage (website)

参照2　AD Classics: Beinecke Rare Book & Manuscript Library/SOM, ArchDaily (website)

## 保存された壁　**東京大学工学部一号館**

文献1　香山壽夫他『ＪＡ 26 香山壽夫』新建築社、１９９７

文献2　香山壽夫『建築家の仕事とはどういうものか』王国社、１９９９

第一章　要素

三節

# 床

ル・コルビュジエは「平面は原動力である。平面なしには、無秩序といい加減がある」[*1]と述べる。建築家が設計に着手する際に最初に描くのは、平面図である場合が多い。素人でも家を建てる際に自分で間取りを描き、どのような家にするかを考える。平面図や間取りのかたちはほぼそのまま、床のかたちとなる。ル・コルビュジエの言葉を借りるなら、「床は原動力である。床なしには、無秩序といい加減がある」ことになる。

床は他の要素と異なり、つねに人の身体に触れ、その上に人を載せる。床のかたちは、人のありようやふるまいに応じて決められ、同時に人に影響を与える。平面図を描くとき、建築家は床の上の人の様子を想像し、床のかたちを考える。住宅であれば、食べる、寝る、団らんする、劇場であれば、演ずる、鑑賞する、といった人の行為に応じて、床のかたちが生み出される。

床はさらに、多様な人のありようやふるまいをひとつに結びつけるという重要な役割を担う。高低差があれば、階段や斜路が挿入され、すべての床はひと続きになる。床は人をその上に載せ、人の行為を誘発し、人と人を結びつけるプラットフォームとなる。大学で建築設計の授業を行う際に、まずは床と人だけの模型をつくることを学生に薦める。模型を覗き込みながら、それぞれの床の上で展開される人の行為や心理を十分に想像し、そのイメージのもとで徐々に壁や窓を付加してゆく。

まずは床と人で考えること。それがル・コルビュジエの言う原動力ということなのかもしれない。そして、床の上で展開される人のありようやふるまいに十分に思いを馳せなければ、無秩序でいい加減な建築しか生み出せないと彼は警鐘を鳴らす。本節では、人をその上に載せ、人の行為を誘発し、人と人を結びつける床のありようを観察する。そして、床が発する多様なかたちことばに耳を傾ける。（ＫＩ）

## エピダウロス劇場
# 集う床



エピダウロス遺跡はペロポネソス半島東部アルゴリダ丘陵にある。医神アスクレピオスの生誕地とされ、古くから多くの巡礼者を集める。紀元前四世紀頃に最盛期を迎え、多くの建物が建設される。やがて聖域は衰退し、建物群は土の下に姿を消す。

一八八一年に発掘調査が開始され、保存状態のよい屋外劇場が発見される。劇場はヘレニズム期の特徴を保持し、オーケストラ、テアトロン、スケーネの三要素を備える。オーケストラは直径一九・五メートルの円形舞台である。テアトロンは半径六〇メートルの半円形すり鉢状の観客席である。礎石だけが残るスケーネは楽屋を収容する二層の建物であり、舞台背景と音響反射板の役割を担う。地形を利用してつくられたテアトロンには一万四〇〇〇席の座席が並ぶ。テアトロンは優れた音響特性を備え、舞台上の小さな音を最後尾の席で明瞭に聞きとることができる。

エピダウロス劇場はほぼ床だけで構成された建築である。傾斜し湾曲したテアトロンの床は強い空間性を備える。その空間に魅せられたかのようにギリシア人たちは各地に劇場を築く。劇場は人々が集い、時間と空間を共有し、舞台で繰り広げられる演目を楽しむことに特化した場である。その行為への熱狂が本来平坦であるはずの床を変形させる。

人は劇場の建設を通して、床が潜在的に備える多様な存在様態の可能性を発見し、それにかたちを与えてきた。ローマ人は優れた構造技術を駆使し、都市部の平坦地に傾斜し湾曲した人工的な床を建設する。シェークスピア劇場やバロック劇場では床が積層され、空間の一体感が増強される。近代になると鉄筋コンクリートによる片持ちの浮遊する床が現れる。それまで地面や構造体の中に隠されていた床の裏面が露出され、膨らみをもった面は建築の外観を特徴づける。床の多様化とそれに伴う技術の発達は、床と地面の分離を促す。

傾斜床を支える技術をもたなかったギリシア人たちは地面に依存する。彼らは地面のことを熟知し、上手に付き合う。テアトロンの床やオーケストラの周囲には排水路の跡が残り、雨水による斜面崩壊等への対策が施される。

エピダウロス劇場のテアトロンに腰掛けると、大地に直接つながる安心感と心地よさを感じる。それは大地から切り離され、もち上げられた人工的な床とは明らかに異なる。古代ギリシア人たちは傾斜床を支える技術をもたなかったのではなく、それを必要としなかったのかもしれない。（ＫＩ）

エピダウロス劇場
Ancient Theatre of the
Asklepieion at Epidaurus
BC4C〜
エピダウロス
ギリシア

## スパンゲン集合住宅

# 上の道

オランダ、ロッテルダムのスパンゲン集合住宅は、ミヒール・ブリンクマンの設計により一九二二年に竣工する。長さ一四七メートル、幅八五メートルの敷地に建つ四階建ての建物には二七三戸の住戸が収容される。オランダの都市建築の伝統に倣い、敷地外縁を建物が囲み、中央に中庭が設けられる。外周の建物から中庭側に住棟が伸び、中庭は複数の小さな庭に分節される。

住戸入口は中庭側に設けられ、住人はつねに中庭を通る。住戸は一階と二階は基本ユニットが水平に連結したフラットタイプ、三階と四階は同じユニットが垂直に積層したメゾネットタイプである。二階住戸は玄関のみ一階に置かれ、中庭から直接住戸に出入りする。三階にはこの集合住宅の代名詞である「上の道」が設けられ、そこからメゾネット住戸に出入りする。中庭から「上の道」へは分散配置された一〇箇所の階段か、ふたつのエレベータでアクセスする。そこでは公共性を損なわない程度に植物の鉢や椅子などの私物があふれ出し、その脇を小さな子供が三輪車で駆け回る。

スパンゲン集合住宅は人が集まって住むことの意味を的確に捉えた優れた住居集合体である。第一の特徴は、街区から住戸へと移行するスケールの段階構成である。都市、街区、中庭、分節された中庭、下階または上階、住戸、と六段階のスケールを通過することで、大きな集団の中でも個人の顔が認識できるように空間が設えられる。

第二の特徴は、偶発的な人の出会いを促す空間の仕組みである。下階では分節された中庭、上階では「上の道」それぞれに通常の二倍の数の玄関が並び、偶発的な出会いの機会が高められる。それは強制的な出会いではなく、住み続けるうちに徐々につながりが生まれるような自然な出会いの機会である。

このように「上の道」のアイデアはきわめて効果的で本質的であることがわかる。さらにそれは、床のあり方を私たちに問いかける。床は地面の延長でありつつ、地面とは差異化された面としてつくられてきた。地面との接続を断ち切られ、もち上げられたとき、それは床であり続けられるのか。たとえば、歩道橋の床はその本質的な意味において床でありうるのか。

スパンゲン集合住宅の「上の道」が優れているのは、それが人を結びつける床であるという点である。目的地を最短距離で結ぶことが床の本質ではない。それを介して人と人がつながることこそが、床の本望であることを「上の道」は示している。（KI）

スパンゲン集合住宅
Justus van Effen Complex
ミヒール・ブリンクマン
1922
ロッテルダム
オランダ

## ソロモン・R・グッゲンハイム美術館
# 螺旋の床

ソロモン・R・グッゲンハイム美術館は一九三九年に創立され、一九五九年に現在の敷地に移転する。一九四三年にフランク・L・ライトに美術館の設計が依頼され、一五年後に建物は完成する。彼は完成を目にすることなく、その半年前に亡くなる。

ライトは前例のない革新的な美術館の形式を提案する。天窓の自然光で満たされた中央吹抜けの周囲を螺旋状の斜路が旋回する。幅広の斜路はそのまま展示空間となり、エレベータで最上部まで達した鑑賞者は斜路を降りながら作品を鑑賞し、地上階に達する。

斜路外周は作品を展示する曲面の壁で囲われ、上部のスリットから自然光が取り込まれる。斜路内周は吹抜けに面する手すり壁が立ち上がる。天窓の光に照らされた手すり壁は螺旋状の帯となって空間を上昇する。斜路が吹抜けに面することで鑑賞者はつねに自分の位置を確認することができ、吹抜けを介して他の鑑賞者と時間と空間を共有する。

美術館の設計においては、展示空間はもちろんのこと、作品から作品へと鑑賞者が移動する順路とその移行空間の設定が重要となる。しかし、実際には自分の位置を確認できないままサインを手がかりに迷路をさまよう感覚や、設定された順路を強制的に歩かされる感覚に陥るような展示空間が少なくない。

グッゲンハイム美術館では鑑賞順路が単純明快な空間構成へと翻訳され、鑑賞者は安心して自分のペースで作品を満喫することができる。作品の前で立ち止まる、次の作品へと歩を進める、吹抜けに目を向けて自分の位置を確かめる、天窓を仰いで作品鑑賞の集中と緊張から一時的に解放される、といった鑑賞者の行為を螺旋状の斜路という床の形式が誘発する。

斜めの床、湾曲した壁、限られた天井高さ、分節されないひと続きの空間は、作品や展示形式の制約となる。あらゆる作品に対応可能なホワイトキューブとは対照的であり、展示空間のあり方として評価が分かれる。一九九二年にはそれを補完するために、ホワイトキューブの展示室を備えた一〇階建ての増築棟が建設される。設計はグワスミー・シーゲル事務所である。

制約は同時に新たな創造の動機となる。開館以来、ライトの空間はアート作品との共演により、数多くの魅力的な展覧会を生み出してきた。そして現在、インスタレーションやサイトスペシフィックアートなど、場所に依拠することを能動的に捉えた展示形式が再評価される中で、螺旋の床は魅力的な展覧会を生み出し続けている。（ＫＩ）

ソロモン・R・
グッゲンハイム美術館
Solomon R. Guggenheim
Museum
フランク・L・ライト
1958
ニューヨーク州ニューヨーク、
アメリカ

ポートランドのプラザ

# 大地の造形

アメリカ西海岸、オレゴン州ポートランドはウィラメット川西岸の河港都市である。コンパクト、サステナブル、エコロジカルをテーマに、まちづくり、コミュニティづくりに成功した。多様で公平で高い生産性をもつ街として知られる。トランジットモールと公共交通機関の整備により、マイカーの抑制に成功したことが街の活力となっている。

一八四〇年代に開拓が始まった際、他の多くの都市と同様に、全くの投機目的で格子状の街区割りが決められた。しかし、五人の創建者たちは八番通りと九番通りの間を二八ブロックにわたる細長い緑地帯にした。[*1]今も緑陰を落とす安らぎの場となっている。この街の、人中心のまちづくりの原点である。そして、カスケード山脈など豊かな自然に囲まれ、全体が川に向かって緩やかに傾斜した市街地は、その土地自体が自然と共生する地力をもっているように感じられる。

一九六〇年代、ランドスケープ・アーキテクトのローレンス・ハルプリンが、その大地のもつ力を再現したかのようないくつかの作品を残している。そのうち、市街地南部に位置する三つのプラザはプロムナードによって結ばれ、全体は八ブロック約六〇〇メートルにわたる。南のヒルサイドから北の市街地に向かって、ラブジョイ・プラザ（現ラブジョイ・ファウンティン・パーク）、ペティグローブ・パーク、オーディトリアム・フォアコート・プラザ（現ケラー・ファウンティン・パーク）。

ハルプリンのスケッチに活動的、ハードと記されたラブジョイ・プラザとフォアコート・プラザ。前者は市周囲の山々、川の流れ、傾斜した大地が抽象化され、コンクリートの量塊になる。上の水盤に蓄えられた水はふたつの量塊の間を、等高線を模したような急な段々を流れ下り、下の水盤に落ち着く。一方、後者は泥岩を台形に造形し、より幾何学的な形態である。ふたつのプラザは、いずれも人々が入り込んでくるように意図されている。平らにつくられた床は、自然のテラスと同じように、心地よい場所である。

間に位置するペティグローブ・パークはメモによると、静かでソフト。いくつかのマウンドがあるが、木々はその頂部や傾斜部を避け、下部にだけ植えられている。大地の造形自体を体験する。こうしたハルプリンのデザインによって強く印象づけられるポートランドの大地は、実は市内のいたるところで感じられる。街区内の高低差を生かしたデッキなど、この街全体の雰囲気をつくり上げている。（ＩＩ）

ポートランドのプラザ、Portland Open Space Sequence
ローレンス・ハルプリン、1963・1967・1970、オレゴン州ポートランド、アメリカ

## 国立代々木競技場

# めくれあがる大地

一九六四年の東京オリンピック屋内競技の主会場のひとつである。そして建築家丹下健三の名前を世界にとどろかせた作品である。敷地は元陸軍代々木練兵場であり、戦後アメリカに接収されて在日米軍家族の村、ワシントンハイツとなった。全面返還の後、南半分が取り壊され、渋谷区役所、渋谷公会堂、NHK放送センター東館、代々木競技場が建った。北側の住宅群は残され、選手村として利用された。その意味でも、広島平和記念資料館に始まる丹下の戦後からの復興、国際平和希求のひとつの到達点と考えられる。

もちろんセミリジッド吊り構造屋根[*1]の造形と、それがつくり出す内部空間とが素晴らしい建築である。そのことが国際的な高い評価にも直結している。しかしその形態と空間を決定づけているのは屋根と床の双方、あるいはその複合体であろう。そして、仮にそれらの一方をなくしてみたときに、この作品の特質をどちらがよりよく示し得るか。そんな問いを立ててみたくもなる。

都市軸を設定し、それを起点として配置計画をし、それぞれの建築とその内部空間までをも緊密に関係づけていく。丹下の方法はここでも一貫している。そして第一体育館の平面計画では、ふたつの入口から同レベルで一階と二階を分けるコンコースにつながる。一階席へはそこから降りていくが、二階席へはコンコースから外側にそれるランプウェイによってその上部に導かれる。そのスムーズな移行自体が空間体験としてとても心地よい。一階席へは地中に潜っていく感じ、二階席へは底のアリーナを見ながら尾根筋を上がっていく感じである。コンコースとランプウェイのどちらからも外が見えるのも楽しい。

構造計画的に見た二階席スタンド部分は、コンコースの外側にある円周方向の連続アーチがまず目に入る。それによって、スタンド奥行方向の中心近くが支持されている。そして二重構造の床によって、二階スタンド全体が保持されている。その下部はコンコースの一部を覆い、上部は外側に約一三メートル張り出される。そしてそれがそのまま外部に表出される。上部がより厚い湾曲した鉄筋コンクリート構造の連続アーチは力強い。そして、さらにそのスタンド上部の柱が大屋根の下端を支持している。

まず大地を造形する。できた地形に、二本柱のテントのような屋根を架ける、そのようにつくられたかにも見える。だから、観客席を載せた床はまさに、めくれあがった大地であろう。（II）

国立代々木競技場
丹下健三
1964
東京都渋谷区

## シドニー・オペラハウス

# 屋根を際立たせる基壇

シドニー・オペラハウスは一九五四年の設計競技を経て、一九五九年に着工し、一九七三年に竣工する。設計は二三三の応募者の中から選ばれたデンマークのヨーン・ウツソンが担当する。その提案はきわめてシンプルである。オペラハウスに必要な裏の機能を基壇に収容し、その上に観客のための表の空間を配置する。そして、それらをヨットの帆のような白い屋根群で覆う。高さの異なる屋根群は、フライタワー、観客席、ホワイエを適切に包み込む。

コンクリート薄肉シェルとして想定された屋根は、オブ・アラップの協力のもとで再検討される。最終的にウツソンの発案による球面ジオメトリーの採用によって、屋根は現実のものとなる。すべての屋根面は同一半径（二四六フィート）の球体表面から切り出され、同一曲率の球面で構成される。

複雑に見える屋根形状は単純な同一球面の集合に置換され、意匠、構造、生産、施工の各面で効果を生む。たとえば、施工足場に円弧状に伸縮するエレクションアーチを採用したり、屋根タイルがすべて同一曲率となることで大量生産とユニット化が可能になったりと、その効果は絶大であった。屋根面は三角断面のリブ状プレキャストコンクリート部材の集合として構成され、コンペ案の内外ともに平滑な卵の殻のような屋根は、平滑な外面とリブ状の内面という対比的表情へと進化する。屋根表面は光沢の異なる二種類のタイルで覆われ、それが近景において美しい肌理を生み出す。

この特徴的な屋根の造形を際立たせているのは基壇の存在である。複雑な裏の機能を基壇に収容することで、屋根は造形的純粋性と象徴性を獲得する。階段状の基壇は大地から緩やかに隆起し、シドニー湾を一望できる高さまで観客を誘導する。そこから反転するように観客はホールへと導かれ、ホール内部では階段状の基壇がそのまま観客席の傾斜床となる。このように基壇は敷地と周辺環境の特性を最大限に尊重しながら、観客を非日常の世界へと誘い込む重要な役割を担う。

基壇の上に並び立つふたつのホールは平面上、平行ではなく相互に斜めに配置される。屋根面にあたる自然光の角度が異なることで陰影の濃淡が生じ、ひとつひとつの屋根形状が際立つ。ふたつのホールの軸線を延長すると、それらは基壇の大階段踊り場の一点で交わる。この交点はすべての寸法の基準点であり、起工式の際にブロンズ製の円形プレートが設置される。ウツソンのもとでこのプレートのデザインを担当したのは日本人建築家三上祐三であった。（ＫＩ）

シドニー・オペラハウス
Sydney Opera House
ヨーン・ウッソン
1973
シドニー
オーストラリア
写真：三上祐三

クンストハル

# 斜めにつなぐ床

一九九二年、レム・コールハース設計のクンストハルが完成する。収蔵品をもたない美術館であり、複数の展覧会やイベントを同時に開催できるフレキシビリティを備える。ロッテルダムのミュージアムパーク南端に位置し、南面は都市基盤である堤防とその頂部を走る車道に面する。騒々しい車道に背を向け、閑静な公園側に開くのが美術館としての定石であるが、クンストハルは周囲の状況を選り好みすることなく、等価に受け入れる。

建物の輪郭は単純な矩形であり、四つの立面はそれぞれ異なる材料と意匠で構成される。独自の美意識を纏った建築像を周囲に誇示するのではなく、周辺環境に即物的に応答したかのような外観である。四面すべてが統一的秩序で制御されたヴィッラ・ロトンダやサヴォア邸と対照的である。騒々しい車道に対して建物は躊躇なく開かれ、高低差のある公園と車道は建物中央を南北に貫く外部斜路で接続される。堤防下の既設道路はそのまま建物一階を東西に貫通する。立体交差する外部通路を内包することで美術館は都市と接続され、人の往来を歓迎する。

中央を貫く斜路に加えて、柱や屋上スリットなど、斜めのラインがデザインモチーフとして積極的に採用される。最大の特徴は斜め床である。斜路、階段、ホールの床など、斜め床はスケールと機能を変えつつ、建物内外の多様な活動をシームレスに縫い合わせる。斜め床の大胆な採用はサヴォア邸を想起させる。しかし、そのあり方は対比的である。サヴォア邸では中央の斜路が建物全体を統合する。斜路の移動に伴ってピロティから屋上へとシーンが切り替わる。それは起承転結を備えた美しい映画のようである。

一方、クンストハルの斜め床は、始点と終点が定められた順路ではない。床レベルの違いを即物的に接続するだけである。斜め床の連なりは機能的な部屋配置に対して無造作に重ねられる。部分の衝突や不整合もまた即物的に処理され、つじつまが合わせられる。斜め床が提示するのは寄せ集められた多種多様なシーンが並置されたコラージュのような様相である。

この雑多とも思える建築のあり方は、クンストハルという美術館に対する最適解なのかもしれない。収蔵品をもたず、複数の展覧会やイベントが同時多発的に開催され、都市に積極的に接続し、人の往来を歓迎する美術館にとって、斜め床は多種多様な活動を誘発するプラットフォームとして、そして、それらを活性化する触媒として重要な役割を担う。（ＫＩ）

クンストハル
Kunsthal
レム・コールハース
1992
ロッテルダム
オランダ

## ハイライン
# 高架鉄道跡の浮かぶ公園

世界有数の大都市の中にこんなに楽しい場所があるのかと思う。地面から九メートルほどの高さの空中庭園。もとは高架鉄道の線路敷であるから、細長い。二・三キロあまり、マンハッタンのウエスト・サイド、十番街に沿うように南北に走る。ローワーマンハッタンの既存街路とそれ以北の計画街路とがちょうどぶつかる境目、ガンズブール通りが起点である。マンハッタンの計画街区の奥行は約六〇メートルであるから、六〇メートル進むごとに東西方向の街路風景が横に広がり、シーンが切り替わる。それ自身のもつリニアで滑らかな空間と、コンテクストに固有の横糸との断続的な出会いが軽やかなリズムを刻む。

二〇〇九年にガンズブール通りから二十番通りまでの最初の区間がオープンした。その辺りはミートパッキング地区と呼ばれ、食肉加工の工場街で、人々から好まれる場所ではなかった。閉鎖された工場街を抜ける北側部分も、廃墟のさらに裏側を通るような場所もあった。しかしあっという間に人々が集う、最先端のスポットに変わった。二度延伸し、ＭＴＡの操車場をぐるっと回って三十四番通りに達している。

デザインは理知的でもあり、情緒的でもあり、何より心地よい。基本のモティーフはレールと舗石であって、必然的に方向性をもつ。ベンチその他のストリート・ファニチュアもその流れに沿う。空間の特性をそのまま生かしたあり方は優しい。そこに鉄のプレートで縁取りされた植栽が絡み、細長いキャンバスは彩られる。廃線になって二五年、植物が自生した。その植生にヒントを得て、実に自然である。

南端入口西側にはホイットニー美術館が移転してきた。レンゾ・ピアノのデザインは各階のテラスでハイラインと呼応している。オープン時に建設中だったホテルはハイラインをまたぎ、かつてナビスコの工場であった人気のチェルシーマーケットを貫通して伸びる。その先も周囲の建築と絡みながら進むが、これらとの間に直接の連絡口はない。ハイラインは公共空間として自律的であることをやめない。

ハイラインによってこの地区は意味が変わった。かつて物流を担った高架鉄道は一九八〇年代に運行が停止され、ガンズブール通りより南は解体された。周辺もブラウンフィールドで再利用が進まない中、一九九九年に非営利保護組織「フレンズ・オブ・ハイライン」[*1]が設立され、その後もハイラインを運営する唯一の組織であり続けている。そして予算のほぼすべてが寄付で賄われている。（ＩＩ）

ハイライン
The High Line
ジェームズ・コーナー・
フィールド・オペレーションズ、
ディラー・スコフィディオ
＋レンフロ
ピエット・オードルフほか
2009・2012・
2014
ニューヨーク州ニューヨーク、
アメリカ

## 三節　床

★（　）内は原著の刊行年


＊1　ル・コルビュジエ、吉阪隆正訳『建築をめざして』鹿島出版会、1967(1923)、p.48


### 集う床　エピダウロス劇場


文献1　Margarete Bieber, "The History of The Greek and Roman Theatre", Princeton University Press, 1961

文献2　R.A.Tomlinson,"Epidauros", University of Texas Press, 1983

参照　Sanctuary of Asklepios at Epidaurus, UNESCO World Heritage List (website)


### 上の道　スパンゲン集合住宅


文献　矢代真己「スパンゲン集合住宅」、住総研編『すまい再発見 世界と日本の珠玉の住宅76』建築資料研究社、2017

参照1　Van Emstede, Charlotte, Expired experiment-modern monument: The heritage significance of the Justus van Effen housing complex as driver for urban regenaration and social sustainability, ICOMOS 17th General Assembly, 2012 (ICOMOS open archive)

参照2　World Monuments Fund, 2016 World Monuments Fund/Knoll Modernism Prize, 2016 (website, open pdf)


### 螺旋の床　ソロモン・R・グッゲンハイム美術館


文献1　ソロモン・R・グッゲンハイム財団『ソロモン・R・グッゲンハイム美術館』ソロモン・R・グッゲンハイム美術館　1995

文献2　ウィリアム・A・ストーラー、岸田省吾監訳『フランク・ロイド・ライト全作品』丸善、2000（1993）

参照1　The 20th-Century Architecture of Frank Lloyd Wright, UNESCO World Heritage List (website)

参照2　The Frank Lloyd Wright Building, The Solomon R. Guggenheim Foundation (website)


### 大地の造形　ポートランドのプラザ


文献　ローレンス・ハルプリン、ジム・バーンズ、高品信訳『ローレンス・ハルプリンのスケッチブック』プロセスアーキテクチュア、1981

＊1　E. Kimbark MacColl, "The Shaping of a City Business and Politics in Portland, Oregon 1885 to 1915", The Georgian Press, 1976, pp.13-14

## めくれあがる大地　国立代々木競技場


文献1　丹下健三、川添登『技術と人間　丹下健三＋都市・建築設計研究所 1955-1964』美術出版社、1968

文献2　豊川斎赫「国立代々木競技場と香川県立体育館の設計プロセスに関する比較研究」『日本建築学会計画系論文集』第86巻第783号、pp.1559-1568、2021・5


*1　吊り構造であるが、吊り材にあらかじめ成形した鉄骨を使うことで、屋根形態をある程度保持する構造形式。

## 屋根を際立たせる基壇　シドニー・オペラハウス


文献1　三上祐三『シドニーオペラハウスの光と影　天才建築家ウッツォンの軌跡』彰国社、2001

文献2　『GA 54　ヨーン・ウッツォン　シドニー・オペラハウス』エーディーエー・エディタ・トーキョー、1980

参照　Sydney Opera House, UNESCO World Heritage List (website)


## 斜めにつなぐ床　クンストハル


文献1　『レム・コールハース』a+u、2000年5月臨時増刊号、エー・アンド・ユー

文献2　ロベルト・ガルジャーニ、難波和彦監訳、岩元真明訳『レム・コールハース　OMA 驚異の構築』鹿島出版会、2015(2008)

参照　AD Classics: Kunsthal/OMA, ArchDaily (website)


## 高架鉄道跡の浮かぶ公園　ハイライン


文献1　ジョシュア・デイヴィッド、ロバート・ハモンド、和田美樹訳『HIGH LINE アート、市民、ボランティアが立ち上がるニューヨーク流都市再生の物語』アメリカン・ブック&シネマ、2013(2011)

文献2　「建築の新しい方向性：ニューヨークのサステイナビリティとテクノロジー」『a+u』2010年5月号、エー・アンド・ユー


*1　Friends of the High Line, New York City Department of Parks & Recreation

第一章　要素

# 四節　屋根

屋根は建築を構成する要素の中で最もタフな役割を担う。自然環境にさらされ、光、熱、雨、雪、風から内部空間を守る。さらに屋根は建築頂部に位置し、陽光に照らされ、つねに外からの視線に晒される。壁よりも屋根が優位な東洋はもちろんのこと、壁が優位な西洋においてさえ、屋根はつねに眺められる対象であり、地上からの見え方を基準にその高さと形状が定められる。

屋根は建築の歴史においてつねに主役的な役割を演じ、それゆえ、ひとつ屋根のもとに人が集うことに特別な意味が与えられる。日本では、建築基準法の建築物の定義において、屋根の優位が明記される。西洋建築移入期の帝冠様式では、古典主義的壁面意匠に対して瓦屋根が主役の座を死守しようと対抗しているように見える。身近な例では、サインや子どもが描く絵において、屋根が家の記号として有効に作用する。

近代建築の登場とともに転機が訪れ、屋根は一時期、主役の座を奪われ、脇役に甘んじる。二〇世紀初頭の初期近代建築においては、同時期の抽象絵画と軌を一にするように抽象形態によって建築の全体像が再構成される。屋根は陸屋根として水平な板へと還元され、地上から視認できない位置に追いやられる。

しかし、長い間、主役を演じてきた屋根がおとなしく脇役に甘んずる期間は長くは続かない。二〇世紀後半に屋根は再びその個性を際立たせる。ミースはベルリン・ナショナルギャラリーにおいてフラットルーフに象徴性を付与し、ウツソンや丹下は構造家との協働により新たな屋根の造形の可能性を提示する。

現在、屋根は環境との共生という命題のもと、新たな役割を演じつつある。自然環境と最も直接的に接触する屋根は、それに対抗する防御線としての機能に加え、それと共演する道を模索している。本節では屋根の多様なありようを観察し、それが発するかたちことばに耳を傾ける。（ＫＩ）

## サンタ・マリア・デル・フィオーレとフィレンツェのスカイライン

# 都市の屋根

一三世紀、フランスの代表的な盛期ゴシック大聖堂がほぼ完成する時期になって、その影響がようやくイタリアに及んでくる。フィレンツェ中心部で一三世紀末に起工されたドゥオモ、[*1] サンタ・マリア・デル・フィオーレはゴシック様式の教会堂である。しかし、北ヨーロッパの浪漫的なかたちは古典的な南方の文化、気質に馴染まない。どう見てもフランスやドイツのゴシックと同じには思えない。北方のゴシック教会堂の内部で、床から天井頂部まで連続するリブは強い上昇性を示す。しかし、ここでは壁面上部のコーニスによって分断される。すなわち、垂直性を示す要素と水平性を示す要素とが拮抗する。相変わらず壁面が支配的で、静的な幾何学が全体を統御している。

たとえば、パリのノートルダムでは天上世界に届かんとする独立柱が四列七〇本以上あるのに対して、ここでは六本。垂直性の表現としての違いは歴然としている。内部の壁と天井は白で、グレーの柱、リブ、開口枠などによって枠取りされる。交差部は正八角形平面に整えられ、その上に載るタンブール[*2]までその秩序にしたがっている。そして、その上に載る八角形の尖頭形クーポラは二重構造になっており、天井にジョルジョ・ヴァザーリによって天上世界が描かれている。つまり水平に切り分けられたふたつの世界が歴然とある。

一四二〇年以後に担当したフィリッポ・ブルネレスキによって完成した、その巨大な尖頭形クーポラは、ルネサンスの始まりを告げる。古代ローマの言葉がゴシックという違う言葉とぶつかりあって、新しい言葉が生まれる。そして、その外形がフィレンツェの街全体の中心をかたちづくる。身廊の幅を一辺とする八角形平面のクーポラは内径が四二メートルあり、しかも尖頭形であることで高さがある。内部の二層構造は外部にも現れ、平滑な壁面と赤瓦の載る屋根との違いが際立つ。そしてフィレンツェの街全体がこの区別によってつくられている。淡い暖色の壁面の上に浮かぶ屋根は、素材においてもかたちにおいてもフィレンツェのスカイラインを決定している。

アルノ川南岸の高台にあるミケランジェロ広場からの眺めはあまりに有名である。クーポラに隣接するジョットの鐘楼、パラッツォ・デル・シニョーリア（現パラッツォ・ヴェッキオ）の塔など、スカイラインを切り裂く要素を含みながら、しかし赤い屋根面の水平な広がりはこの街の共通の言葉として維持されている。そして、それでもドゥオモのクーポラが全体を支配しているように見える。（ＩＩ）

サンタ・マリア・デル・
フィオーレ
Santa Maria del Fiore
フィリッポ・ブルネレスキ
１４３６
フィレンツェ、イタリア

## 茅葺きの古民家

# 草で葺く

能登の里山・三井町の入口に、アテ（能登ヒバ）に覆われた山林を背景に茅葺き民家（旧福島邸）が建ち、集落を訪れる人々を温かく迎えてくれる。

茅葺きといえば日本人の多くが、入母屋や寄棟などの大きな民家をイメージし、古きよき日本のふるさとの景観を連想するのではないだろうか。茅葺きは、人々に共通のかたちやイメージを思い浮かばせてくれるのである。

茅葺き民家の多くは、外観のほとんどが屋根に覆われ、建築や空間を大きく包み込むという屋根の大原則をそのままかたちにしたものといえる。地域に生えるススキ、ヨシ、ササなど身近な素材が用いられ、屋根《やな》替《が》えや差し茅など補修時に落とす古い材は肥料に使われる。晩秋に刈られた茅は束ねられ、雪囲いに使われ、春先に干され、小屋裏で乾燥、保管される。葺かれて数年経つとコケや草が生え、虫やムカデなども住み、まさにビオトープと化す。

茅葺きは、他の新しい屋根材のように面で完全に防水するのではなく、茅と茅の適度な隙間が水を流し、密着しすぎると逆に毛細管現象で水が上がってきてしまう。地産地消で循環サイクルも短く、自然の摂理に即した手法である。

また茅葺き民家は、単独ではなく建ち並んで集落の景観をつくりあげてきた。茅を葺き維持する作業が、かつて「結《ゆい》」と呼ばれる地域の協働作業で成り立っていたこととも強く関係している。茅葺きは、環境にやさしい材料・構法だが、単に建築の一部ではなく、暮らしや地域の一部であったと考えられる。

茅葺きはわが国だけでなく、イギリス、オランダ、ドイツ、フランスなどのヨーロッパ、韓国などアジア、さらにはアフリカ、南アメリカなど、ほぼ世界すべての地域で、素材やかたちを変えながら存在している。

しかし、この半世紀ほどの社会や生活様式の変化、過疎高齢化により、茅葺き民家は急激に減少し、いまや絶滅危惧種である。ただし一方で、地域資源として見直され、地域やグループで様々な保存活用の動きも各地で展開してきている。

茅葺きは、それぞれの地域に根差しながら、あらゆる地域と時代にあうかたちで存在するインターナショナルで普遍的な形式である。今後は、茅葺き民家の保存活用だけでなく、小屋などの小さな建築、内装や家具などのインテリアなど、多様な使われ方への展開にも期待している。（KH）

能登の茅葺き民家・
差し茅ワークショップ
明治時代・2012
石川県輪島市三井町

## クライスラー・ビル

# 機械時代の象徴としての摩天楼

屋根は覆うことで建築の内部空間を包み込む。人や人の生活は屋根に抱かれることで守られてきた。しかし近代建築は陸屋根をもたらし、屋根自体がどのようにあるかを問題にすることをやめた。そして、一八八〇年代にシカゴで始まった建築の高層化は、ニューヨークに波及し超高層建築を生み出す。

欧米の諸都市では街区いっぱいに建物を建てるのが一般的で、建物は街路に接している。一〇階建て程度まででであればそれで問題にならないが、二〇世紀になって超高層建築が可能になったとき、深刻な事態を引き起こす。街路は谷底になり、下層階には日差しは届かず、風も抜けない。ニューヨークでは一九一六年にゾーニング法[*1]が施行され、上階にいくにつれてセットバックして街路まで日光が届くように規制された。一九二〇年代に超高層ビル建設ラッシュが起こるが、どの建物も先細りの形態をしている。代表的な例がクライスラー・ビルでありエンパイア・ステート・ビルであろう。街区いっぱいの低層部に少しスレンダーな中層部が載り、上層部は尖塔のようになっている。

そのとき屋根はどのようになるのだろうか。七七階建てのクライスラー・ビルは、その内部空間はほとんど屋根とは関係がなく、尖った屋根は内部空間を覆うという感覚はない。むしろ全体がタワー状の形態になって、その頂部である屋根は都市に向かって、それがクライスラー・ビルであること、あるいは経済の中心であることを発信する。それがクライスラー・ビルの屋根の意味である。

クライスラーの本社ビルとして建てられ、そのかたちは近代の象徴である自動車をさらにもう一度象徴する。世界一の高さを競うことで生まれたその頂部はステンレスで光り輝いている。そしてラジエターグリル、カウリング、フードマスコットなどの車のパーツをモティーフとした装飾がなされている。それは機関車や蒸気船や自動車に代表される機械時代のデザインであり、アール・デコとして広く流行した傾向のひとつのピークを示している。機械をデザインソースとしているので、幾何学的であり、多くの場合定規とコンパスで作図できるかたちをしている。

エントランスホールは赤みがかった大理石とクロームメッキのスティールで装飾され、天井にはそれ自身の立面が描かれている。エレベータホールを含む全体がアール・デコである。ステンレスの頂部は夜にはその三角形の窓から光が放たれ、マンハッタンの夜景を支配している。(II)

クライスラー・ビル
Chrysler Building
ウィリアム・ヴァン・アレン
1930
ニューヨーク州ニューヨーク、アメリカ

## ベス・ショーロム・シナゴーグ

# 光を集め光を放つ屋根



フィラデルフィアの中心部から北に一五キロほどのエルキンズ・パークに建つ、光の塊のような建築である。昼間は太陽の光を凝縮し、夜には内から光り輝く。網入波型ガラスと波ファイバーガラスの二重ガラスの屋根。それを透過する昼間の光には影がない。その光はシナイの大地のような淡い土色の、緩やかにうねる床と一体になる。そしてそこに会衆が集う。ラビ、モーティマー・コーエンからライトに託された光の山、すなわち、シナイ山のインスピレーションが抽象化され、そして具体化されている。「シナイ山は伝統的に神の啓示を意味し、啓示はすなわち光と同義であり、光こそこの建築の本質をなす[*1]」。

ライトはプロジェクトの段階で、「平面のスキームは無限のヴァリエーションが可能で、拡張することも縮小することも自在、要求に従って形を変えることもできる[*2]」と書いている。ライトの設計には原型を措定し、その変形で無限の実体を可能にする志向がある。プレーリーハウスはその典型であり、基壇と緩勾配の寄棟屋根という二枚の水平面によって規定された流動的な空間の中心にハースを置く。その原型によって、無限の変形を可能にしている。ここでも、コンクリートの基盤とその上に立ち上がる屋根の形状は、フレキシブルで変更可能なものとして示された。しかし、クライアントがそこから離れることはおよそ不可能な適確さをもって提示される。変形可能な計画であり、かつ変形不可能な作品として。

壁のような屋根は山のようであり、彫刻のように外部に向かって空間を張る。そして、屋根でありながら天井であるからその内側に内部空間を包み込む。さらに三〇メートルを超える高さをもつその天井は均質に光り輝く天空であり、シナイの大地の床と合わせ、そこは内部でありながら外部のようでもある。いろいろな要素や様相が両義的で、神秘性すら感じさせる。

そもそもその屋根のかたちはどのように説明できるだろうか。正三角形平面の各頂点に三本柱の基部をもち、その柱が屋根全体を支持する稜線を形成する。そして各辺は中央がふくらんで全体として六角形である。すなわち、屋根面の大きな三角形は真ん中で折れ曲がり、その中央部で別の新たな面が形成される。その新たな面を支えている三組のペア柱が上部で結ばれ、その中心から正三角形のシャンデリアが吊られている。下部には六角形平面に沿う低層部が張り出している。壁はここでも回避されている。全体としてあるのは床と屋根、すなわち、大地と天空である。（ＩＩ）

ベス・ショーロム・シナゴーグ
Beth Sholom Synagogue
フランク・L・ライト
1959
ペンシルヴェニア州
エルキンズ・パーク
アメリカ

## トレントン・バス・ハウス

# ルームをつくりつながる屋根

「私がリチャーズ研究所をデザインしたときに、世界が私を発見したとしたら、私は、トレントンのコンクリートブロックの小さなバスハウスをデザインしたときに、私自身を発見した」[*1]。ニューヨーク・タイムズ・マガジンに掲載されたカーンの言葉である[*2]。ユダヤ人のコミュニティセンターという大規模施設のごく一部が実現したにすぎない。しかし、個々の「部屋」が、それを構造的にも機能的にも支える壁のような柱のような要素によって連結されていく、カーンの建築の原点のひとつが誕生した瞬間であった。

この作品は、その壁のような柱、壁、屋根のわずか三つの要素からなっている。注目すべきは、コンクリートブロックでできた、コの字型平面の、壁のような柱である。カーン自身は「中空の柱」と呼んだ。壁であり柱であると言うべきか。以後、中空柱と表記する。八フィート角、高さ一〇フィートの中空柱にはコンクリートスラブの屋根が載っている。つまり一面のみ開いている。一二本の中空柱は縦横三〇フィートの均等グリッドに載り、そして全体として五つの正方形によるギリシア十字形に配置されている。

次にそれらの中空柱をつなぐ、すなわち部屋を囲むやはりコンクリートブロックの壁。中空柱の中心か内外の側面に合わせて立てられている。壁は中空柱とはスリットで切り離され、また屋根も浮いているので、それぞれの要素が自立している。それと同時に中空柱には壁の位置によって、出入口、トイレ、倉庫などの機能が与えられ、それ自体が小さな部屋になる。

中空柱の真ん中で四隅を支えられた、木造の方形屋根が部屋を覆う。それが載るのは十字形平面の四本の腕の部分である。十字形平面の中心はヴォイドである。屋根の軒と壁とはずれているので風が抜け、光が差す。さらに、頂部にトップライトがあって、中心部にも光を落とす。壁と中空柱と屋根はそれぞれとても緩やかに関係づけられている。そのせいか空間も柔らかい。緩やかに囲われていて、かつ緩やかに開かれている。半分屋外のようなその空間はしかし内部性をたしかに示している。

内部では屋根の構造がそのまま表され、天井という感覚はなく、屋根そのものの裏だと言える。それに対して外からの見え方は個々の「部屋」の自立を示す。しかし、それらは連結され、群として見える。そして勾配屋根はどこかなつかしい。プールに向かう子どもたちの目標としての屋根は、コミュニティのひとつの中心を示している。（ＩＩ）

トレントン・バス・ハウス
Jewish Community Center Bath House
ルイス・I・カーン
1959
ニュージャージー州
トレントン、アメリカ

## アクロス福岡

# 大地と連続する屋根

アクロス山の高さは六〇メートル。九州最大の都市福岡、その中心部にある。旧県庁跡地であり、中心市街地を開発したい市の思惑と、だからこそ空地のまま維持したい市民の願いを、同時に実現することが意図された。南側に残された天神中央公園と地続きの山とすることによって。

基本構想を担ったエミリオ・アンバースは、一九八〇年代後半から、自然と建築とが融合するようなプロジェクトを数多く手がけた。しかし、そのほとんどがアンビルト、すなわち建つことのないものであった。実現を前提しないことはアイデアを先鋭化する。緑の中に埋没する廃墟のようなドローイングは強いメッセージを発した。アクロス福岡のドローイングと模型も挑発的で、見るものを惹きつけ、あるいは遠ざけた。

当初七六種、三万七〇〇〇本の木が植えられた。引き寄せられた鳥たちが種子を運び、今では約二〇〇種、五万本と言われる。外来種は除かれ、九州の山に育てられた。二五年あまりの年月は森をつくるのに十分である。鬱蒼と茂った木々は大刈込み[*1]によって一体化され、山そのものになっている。大きな蜂がホバリングして道を塞ぎ、登山を断念することもある。雨水はカスケードになり、山を潤しながら流れる。

その山は階段状になっている。一四階建ての各階は一定の奥行で北側に後退し、段々畑のような南斜面をつくる。その後退した部分が下階の屋根であるから、屋根と壁とが交互に同一リズムで繰り返される。そして、壁のかなりの部分はガラス面である。だから、木々による緑の層を取り去れば、水平スラブの屋上庭園である。とても近代的なつくり方でできている。

その斜面を最大傾斜で登るのは不可能で、頂上に向かう山道は四〇〇段あまり、つづら折りの階段である。そのことも山を建築的に見せている。そして、内部には地下二階から地上一二階までの巨大な吹抜けがある。その吹抜けと山の表面とが接するあたり、屋根の水平スラブとガラスの外壁面がジグザグに見える。そのガラス面からは、木洩れ陽が吹抜けに降ってくる。

自然を企図した濃密な緑の量塊は、都市の中にあってアンビバレントである。市街地の中の山、人工土壌によって支えられた山、近代の軽やかな造形手法による山、内部空間を抱え込んだ山、それでも鳥がさえずり、小川が流れる山。土と緑は内部の温熱環境に有効であり、放射冷却で公園を冷やす。エコロジーという今日的問題とも緊密に関係している。そして、山の表面が屋根であるという事態。（II）

アクロス福岡、エミリオ・アンバース+日本設計+竹中工務店
1995、福岡市中央区

## バイエラー財団美術館

# 自然光を取り込む屋根

美術商であり収集家でもあるエルンスト・バイエラーは一九八二年に財団を設立し、自身のコレクションを展示する美術館建設に着手する。敷地はバイエラーの故郷リーヘンのベロワー公園内である。レンゾ・ピアノが意匠設計、アラップ事務所が構造設計と環境制御を担当する。

建物ヴォリュームの半分は地下に埋められ、周辺環境との調和が重視される。東西面の長く閉鎖的な外壁は自然素材であるパタゴニア産赤斑岩、建物の南北面は透明ガラスで仕上げられる。建物南面にはモネの絵を連想させる蓮池が設けられ、ガラスを介して展示室と池が視覚的に一体化する。

バイエラーは作品を自然光のもとで鑑賞することを要望する。作品に損傷を与えないという前提のもと、自然採光を可能とする屋根の形式が検討される。最終的に、傾斜した白い拡散ガラスの日除け、水平の二重ガラス、鉄骨梁、可動ルーバー、ロフト（天井裏空間、高さ一・四メートル）、ガラス天井、メッシュ天井の多層構成により自然採光が実現する。多層のガラス屋根システムにより、冬でも十分な照度が確保され、過度の日照は適切に制御される。

ロフトは屋外の環境変化に対する緩衝装置として機能する。光に対しては可動ルーバーにより採光量が調整され、人工照明が照度不足を補う。熱に対しては空気層自体が断熱層として機能し、冬は太陽熱を取り込んで冷気を遮断する。最下層のメッシュ天井は取り込まれた自然光を均一に分散し、展示室に理想的な光環境を生み出す。

屋根と壁の関係に関して、バイエラー美術館は日本の伝統建築と対照的である。日本建築では空間を覆う不動の屋根に対して、軽量で薄い建具が多層に重なり、建築空間と外部環境を媒介する。一方、バイエラー美術館では空間を仕切る高さ四・八メートル、長さ一二七メートルの壁に対して、多層のガラス屋根が環境との関係を媒介する。

レンゾ・ピアノは多くの美術館の設計を手がけ、バイエラー美術館同様、理想的な採光環境を生み出す制御装置として屋根をデザインする。その屋根のあり方は、サイクロイド曲面のヴォールト屋根によって理想的な光環境を実現したキンベル美術館[*1]を想起させる。奇しくも二〇一三年、ピアノはキンベル美術館増築棟の設計の機会を得て、ルイス・カーンと時を超えた共演を果たす。（ＫＩ）

バイエラー財団美術館
Fondation Beyeler
レンゾ・ピアノ
1997
バーゼル、スイス

## サンタ・カテリナ市場

# 低くうねる彩色屋根



サンタ・カテリナ市場はバルセロナ最初の屋根付き市場として一八四八年に開場する。一九九七年、公共空間整備と定住人口増加による都市再生策の一環として、市場の改築が計画される。設計競技によってエンリック・ミラーレスらが設計者に選定され、二〇〇五年に新しい市場がオープンする。

計画には市場に加えて、スーパーマーケット、レストラン、カフェ、広場、高齢者向け集合住宅、駐車場が含まれる。敷地北寄りの表通り側に市場、店舗、飲食機能が集約され、南側に集合住宅と広場が置かれる。建て込んだ裏路地に広場が挿入され、居住環境の向上が図られる。地下に駐車場が収容され、建物の高さが抑えられることで、市場の屋根は周辺建物から見下ろされる。

上からの視線を意識するかのように、屋根には波打つ形状が与えられ、アーティストのトニ・コメラのデザインによる鮮やかな色彩模様が描かれる。新鮮な野菜や果物の色を抽象的に表現したグラフィックデザインは六七色の六角タイルによって実体化される。カラフルなデザインを道行く人々に示すように、屋根は建物から迫り出し、サインの役割を果たす。

迫り出した屋根は、表通りではエントランスの庇となり、裏通りでは地元住民が憩う広場の庇となる。市場を覆う屋根面は南北方向の七枚の不整形な帯で構成される。帯相互の境界に沿って六本の屈曲した梁が水平に伸び、そこに木製のヴォールト屋根が架けられる。こうして波打つ屋根形状が形成され、端部は樹形の組柱で支えられる。三本の鋼製アーチが屋根中央部を支え、市場の空間レイアウトのフレキシビリティが確保される。連続的に変化する五つのヴォールト屋根と屈曲する鋼製梁は、単調になりがちな市場空間を視覚的に活性化する。南北面から取り込まれる自然光は天井に陰影のリズムをもたらし、中央に向かって減衰する。それを補うように屋根の一部に高窓が設けられ、市場中央を照らす。

市場は都市の重要な構成要素のひとつであり、昔から変わらず存在する。そこでは人々の食欲を満たすべく、つねに活発な取引が繰り広げられる。その営みを少し高い位置でおおらかに見守るのが市場の屋根である。サンタ・カテリナ市場ではその屋根に象徴性が付与される。教会や議事堂などの権威の象徴ではなく、庶民生活の象徴としての屋根である。それは高く聳えるドームや尖塔ではなく、地面に平伏し低くうねる彩色屋根である。（ＫＩ）

サンタ・カテリナ市場、Mercado de Santa Caterina
エンリック・ミラーレス(EMBT)、2005、バルセロナ、スペイン

# 四節　屋根

★（ ）内は原著の刊行年

## 都市の屋根　サンタ・マリア・デル・フィオーレとフィレンツェのスカイライン

文献　ジュリオ・C・アルガン、浅井朋子訳『ブルネッレスキ　ルネサンス建築の開花』鹿島出版会、1981

＊1　司教座の置かれた大聖堂。フランス語でカテドラル。

＊2　ドームの高さを増すためにドーム下に挿入される通常は円筒状の部分。

## 草で葺く　茅葺きの古民家

文献1　安藤邦廣『新版：茅葺きの民俗学ー生活技術としての民家』はる書房、2017

文献2　一般社団法人 日本茅葺き文化協会、安藤邦廣、上野弥智代『日本茅葺き紀行 Exploring Japanese Thatch』農山漁村文化協会、2019

## 機械時代の象徴としての摩天楼　クライスラー・ビル

文献1　小林克弘『アール・デコの摩天楼』鹿島出版会、1990

文献2　小林克弘『ニューヨーク　摩天楼都市の建築を辿る』丸善、1999

＊1　ゾーニング法は超高層ビルによる都市環境悪化を回避するために、ニューヨーク市で1916年に制定された。用途、高度、面積の各地区指定からなる。とくに高度地区指定が道路斜線によって超高層建築物の形態を直接的に規定した。

## 光を集め光を放つ屋根　ベス・ショーロム・シナゴーグ

＊1　『GA 40　フランク・ロイド・ライト　ファイファー・チャペル、ベス・ショロム・シナゴーグ』エーディーエー・エディタ・トーキョー、1976、p.7。（ファイファーの英文をあらためて訳出した）。

＊2　前掲書 p.6（同上）。

## ルームをつくりつながる屋根　トレントン・バス・ハウス

文献1　香山壽夫『ルイス・カーンとはだれか』王国社、2003

文献2　ルイス・カーン、前田忠直編訳『ルイス・カーン建築論集』鹿島出版会、1992

＊1　デヴィッド・B・ブラウンリー、デヴィッド・G・デ・ロング、東京大学工学部建築学科香山研究室監訳『ルイス・カーン建築の世界』デルファイ研究所、1992、p.59（David B.Brownlee, David G. De Long, "Louis Kahn: In the Realm of Architecture", Rizzori, 1991, p.58から訳出）

＊2　＊1に記載の文章の注より。

## 大地と連続する屋根　アクロス福岡

文献1　『エミリオ・アンバーツ 1986-1992』a+u別冊、エー・アンド・ユー、1993・4

文献2　『新建築』1995年7月号、新建築社

＊1　異なる種類の木を寄せ植えし、それを一つの樹冠として一体に刈り込む方法。

## 自然光を取り込む屋根　バイエラー財団美術館

文献1　『レンゾ・ピアノ・ビルディング・ワークショップ 1989-2010』a+u臨時増刊号、エー・アンド・ユー、2010・5

文献2　ピーター・ブキャナン、小坂雅行訳『レンゾ・ピアノ・ビルディング・ワークショップ Vol.4』ファイドン、2005(2000)

文献3　レンゾ・ピアノ、石田俊二訳『レンゾ・ピアノ航海日誌』TOTO出版、1998(1997)

＊1　本書 pp.280-281 参照。

## 低くうねる彩色屋根　サンタ・カテリナ市場

文献　EL Croquis144, EMBT 2000-2009, Enric Miralles Benedetta Tagliabue, EL Croquis, 2009

参照1　Santa Caterina Market, Miralles Tagliabue EMBT homepege (website)

参照2　Santa Caterina Market Rehabilitation, Architizer.com (website)

## 第一章　要素

# 五節　天井

中国語で天井と書くと天空を仰ぐ井戸＝中庭を意味する。日本語の天井は仰ぎ見る空の代替物である部屋上面を指す。外において人の頭上に空が広がるように、部屋において人の頭上に天井が広がる。

雲ひとつない澄み切った青空、空の青と雲の白の対比が眩しい夏空、今にも雨が降りそうな曇天、日没直前の夕焼け空など、季節や天候による空模様の変化が人の心持ちを左右するように、天井のありようもまた人の心理に影響を及ぼす。高さや広さ、形状、色、素材、光の状態によって、天井は多様な表情を見せ、人の心にはたらきかける。

クリストファー・アレグザンダーは次のように指摘する。「低い天井は親密性に、高い天井は格式性に寄与する……人は建物内の天井高の相違をメッセージとして読みとり、そのメッセージにしたがって位置を占め……居心地の良し悪しが決まり、自分に相応しい親密度の場所であることを確認して安心するのである」[*1]。

床や壁と異なり、天井は人の手が届かない高みにあり、皆が同等にそれを見上げることができる。時々刻々と変化する空と異なり、天井はいつも変わらぬ表情で頭上に浮遊する。それゆえ、天井は時としてある世界観を表現するためのキャンバスとなる。初期キリスト教建築ではそこに見事なモザイク画が描かれ、ミケランジェロはそこに「天地創造」を描く。あるいは、日本の寺社や数寄屋建築においては、天井に意匠の限りが尽くされる。

現代においては天井の備えるこれらの特質はむしろ蔑ろにされ、多くの天井は設備機器や点検口の配置場所に貶められているように見える。それはたとえば、通りを歩きながらふと空を仰いだ際に電線の束によって空への視界が遮られる感覚に近い。本節では天井の本来あるべき姿、すなわち天空の象徴としての天井のありようを観察する。そして、人の手の届かぬ高みから天井が発するかたちことばに耳を傾ける。（ＫＩ）

## キングズ・カレッジ・チャペル

# 網籠のような天井

一二世紀にパリとボローニャで生まれた大学は、同時多発的に、そして大学自体の移動によって、各地に広がる。イギリスのオックスフォード、ケンブリッジ両大学は一二世紀末から一三世紀初頭に創立されている。そしてそこで形成されたカレッジ空間のありようがユニークで、今も大学空間のひとつの類型として機能している。クォードラングル、単に四角と呼ばれるその形式は、中庭を囲むロの字型の建築である。[*1]

王立カレッジとして発足したキングズ・カレッジは、一五世紀半ばから一六世紀初めにかけてその四角の一辺を構成するチャペルを建設した。フランスのゴシック建築の影響を受けながらも、独自の展開をしたイギリスのゴシックは、一三世紀から初期イギリス式、装飾式、垂直式と変遷するが、このチャペルは後期の垂直式の代表例である。

フランスの盛期ゴシックのリブは、交差ヴォールト天井の構造的合理性を目に見えるものにする。それに対して、ここでは細かなリブの網目が天井全体を覆い、力の流れを無力化する。そして垂直式という形式名ではあるが、フランス北方のゴシック聖堂と比較するとその仰向性の印象は小さい。

窓が完成してから天井に着手するまでに二〇年以上の時間が空いたことに起因すると考えられている。ヴォールト天井の起拱点《スプリンギング》の高さを上げて、窓の上に垂壁を設けることで、窓と天井の食い違いを解消している。通常尖頭アーチ窓は天井の交差ヴォールトの端部と一致する。しかし、ここではその必然的な一致が乱れている。そして、交差ヴォールトの端部が垂壁で塞がれることで、天井が一体性を獲得し、自立しているように見える。

内部は長さ八八・五メートル、幅一二・二メートル、高さ二四・四メートルと細長く、横断面は縦横が二対一の単純比になっている。縦に積んだふたつの円を内包し、天井はその半円にほぼしたがう。つまり、尖頭アーチの迫り高は低く、むしろ扁平の印象を受ける。柱の頂部から広がる扇状ヴォールトは逆さまの円錐状で、リブが放射状、円弧状に細かく刻まれている。それらが四分ヴォールトを形成しつつ、隣のベイに連続する。

そのロート状の半円錐形がベイをまたぐことで、そして、それでもベイごとのユニットが連なることで、長手方向の、すなわち奥に向かう水平方向の運動を生む。全体として見れば、ステンドグラスの光の壁と、その上に浮遊する網籠のような天井とが、垂直性と水平性を併せもつ空間を形成している。（ＩＩ）

キングズ・カレッジ・チャペル
King's College Chapel,
The University of
Cambridge
1461・1485・
1515
ケンブリッジ、イギリス

## サンティーヴォ・デッラ・サピエンツァ
# 珠玉の幾何学

ジャコモ・D・ポルタの設計で、一六世紀後半に建てられたパラッツォ・デッラ・サピエンツァ。後に大学になる知の館である。その幅二一メートルの細長い中庭の奥に位置する小さな教会堂。外部では既存部分とコーニスの高さを揃え、壁面は二層のロッジアにも忠実に呼応する。そして正面ファサードを中庭に対して凹面にすることで、内部へと誘い、さらに祭壇へと向かう軸性を示している。

その先にきらめく宝石のような内部がある。ボッロミーニの幾何学が頂点に達した。六光星である。六光星は上下逆のふたつの正三角形を重ねてできる。正六角形とその各辺を底辺とする正三角形による星形。そして、正六角形の辺の中点を中心に辺を直径とする半円を描く。それが六辺のうちひとつおきに三辺。残りの三辺は星の頂点を中心に同径の円弧が中心に向かう。

その平面形は一体になった壁と付柱の上のエンタブラチュアにそのまま表される。そして、水平方向に波打つエンタブラチュアによって壁面とドーム天井とはいったん切断される。地上世界と天上世界とが切り離される。しかし、ここではその平面形がドームに連続する。垂直方向の仰向性は明白である。

それは六光星形に分節されたドームによって達成される。半円のくぼみと、正三角形と円弧の組合せによるくぼみ。それがそのままアーチ状に高さを与えられてドームになる。そのドームは平面的に凸凹しているから、壁面が凸のところでは尖頭形になる。つまり、ゴシックの尖ったドームと古典的な半円ドームとが交互に反復される。そしてドーム全体は上にいくにしたがって狭まり、ランターン下のリングに収斂する。ドームの下部は外側のドラムで支持され、その部分に六つの窓が開けられる。堂内を満たすあふれる光はその窓によってもたらされている。

白色に塗られた壁とドーム、そして金色のモールディングは美しい、そして何より軽やかである。屋根と天井が分離する二重構造ではない。そのことを忘れるかのように、重さを全く感じさせない。サピエンツァは英語のウィズダム、英知を意味する。圧倒的な幾何学形態は英知の結実であり、しかも浮遊するように軽やかである。これが石を積んでできたとは信じられない。処女作のサン・カルロ・アッレ・クアトロ・フォンターネ[*1]では楕円形の空間が揺らいだ。ここでは中心が揺るぎなく、しかし空間の動きはただ上方に向かう。誰もがドームをそしてランターンを、つまり光を仰ぎ見る。

（II）

サンティーヴォ・デッラ・
サピエンツァ
Sant'Ivo della Sapienza
フランチェスコ・ボッロミーニ
1650
ローマ、イタリア

## ジョン・ソーン自邸

# 過剰を覆う過剰

「偉大なコレクションを私有するというのは、絶えず刺戟を与え、興奮させる濃縮物を持つということだ。(中略) 蒐集家が必要とするのはまさしく過剰、豊満、過多なのだ。多すぎる——しかし、私にはまだ足りない」[*1]。こうスーザン・ソンタグが描出した過剰さとは、モノと所有に捉われた近代社会の果てしない欲望である。示唆的なのは、一五世紀以降ヨーロッパ貴族の間で流行した、工芸品や自然物を集めた「驚異の部屋」である。一九世紀イギリスにおける最も重要な建築家のひとりジョン・ソーンも、美術工芸品の数々を蒐集した部屋を、自邸においてつくり出した。この奇妙な館は、古い装飾物や彫刻、絵画にあふれ鬱然とした部屋を、いくつも寄せ集めたような建築で、まさに過剰で濃密。モノにあふれた迷宮である。

ここに詰め込まれたものは、何も美術品のコレクションだけではない。ソーンが創造した空間要素も蒐集された事物の一部であるようだ。各所に設置された多様な天窓、光をコントロールする特徴的な天井や壁、それらを複合させることで生まれる光の効果の数々……、さながら空間要素の陳列であり、光の漂う小さな単位空間のショールームと言ってもよい。

中でも空間的に興味深いのは、朝食室である。四辺の緩やかなアーチから立ち上がる浅い曲面ドームの天蓋が、部屋を覆い、その頂部にランタンが設けられている。ドームの両脇の上部トップライトから入る光によって、壁と天蓋の隙間が照らされ、まるで天蓋が宙に浮いているような印象を生み出す。天井は空間を優雅に柔らかく包み込む一方、その内部では鏡が、頂部のランタンの周り、ドームを支える四隅、付柱の柱身、壁面暖炉の上、アーチの下面などに多数取り付けられ、イメージの断片が幾重にも増幅する。入れ子状になった空間には、内的で幻想的な世界——それはソーンの頭の中にいるかのよう——が展開するのである。なおソーンは、その他の作品においても、ドーム天井のヴァリエーションを繰り返し試みている。イングランド銀行の天井や、ソーン家墓碑の天蓋などに、スケールやかたちを変えた豊かな変奏が見られる。

断片化された過去のかたちを集め、新たな空間に取り込むというソーンの空間デザインは、後のポストモダンの建築家に強く影響を与えた。アーチとドーム天井もまた、要素として引用される。フィリップ・ジョンソンは、彼の自宅の一部に、ソーンにオマージュを捧げた天井をデザインした。その場所では、「まるで驚くべき繭の中にいるように感じられる」[*2]。(NM)

ジョン・ソーン自邸
(現サー・ジョン・
ソーンズ博物館)
Sir John Soane's Museum
ジョン・ソーン
1824
ロンドン、イギリス

## オーディトリアム・ビル

# 電球で眩く輝く天井

高層建築は一八八〇年代に、コーリン・ロウがシカゴフレームと呼んだ、鉄骨フレーム構造で効率的に床をつくるシステムによって、シカゴで生まれた。[1] オーディトリアム・ビルはタワー部を除けば一〇階建ての直方体をした、ホテルやオフィスとの複合施設である。そこに当初四三〇〇席を有したオーディトリアム・シアターが内包されている。バルコニー席を除いても四層の客席がある巨大な多目的ホールでありながら、オペラ上演も可能な音響性能やステージへの視野で評価を得ている。[2]

ホール内部に入ると巨大な光のアーチに圧倒される。四連アーチとプロセニアム前の全部で五つのアーチは起拱点《スプリンキング》の高さは同じで、半径は奥に向かって大きくなる。アーチはもちろん長いスパンを飛ばすときに有効な構造的合理性をもつ。ここでもまず広いホールの天井を支える役割を担っている。しかし、それに加えて、様々な機能を与えられている。

音響的には、連続するアーチは蓄音機のラッパのかたちに配置され、音を大きなホールの奥まで飛ばす。同時に、前の席にはエコーを生じさせないよう音を下に落とす。アーチは最大の視界を最低の高さで実現するとされた。労働者でも買える値段に設定された奥のそのまた奥の席からもステージ全体が見える。[3] 当時実用化された空調システムも組み込まれている。アーチを含む天井に仕込まれたグリルはその吹出し口で、冷気がホール全体を満たす。そして、一八七一年にシカゴ大火があった。その惨禍を繰り返さないために防火性能が求められた。仕上げに漆喰が選ばれたのはそのせいでもある。

しかし、それらすべてをおいて、無数のタングステン電球が圧倒的に眩く輝いている。そして金色のゴールドリーフの漆喰の装飾が照らされ、反射し、見たこともない世界をつくり出す。オレンジ色の暖かい光が満たす空間がある。一八七九年にエディソンが発明した電球は、大規模建築を可能にした技術のひとつである。オフィスビルで窓から離れると日光が届かない、その問題は電球によって解決された。しかし、そのデザインはローソクの代用品のように扱われた。ここではそうではない。電球は天井や壁に直に取り付けられている。その数は劇場全体で約三五〇〇。アーチを中心にホワイエを含む劇場デザイン全体の基調になっている。

ルイス・サリヴァンは形態は機能にしたがうと言ったが、ここでは機能的なかたちと心温まる美しいかたちとが見事に一致している。（ＩＩ）

オーディトリアム・ビル
Auditorium Building
アドラー・アンド・サリヴァン
1889
イリノイ州シカゴ
アメリカ

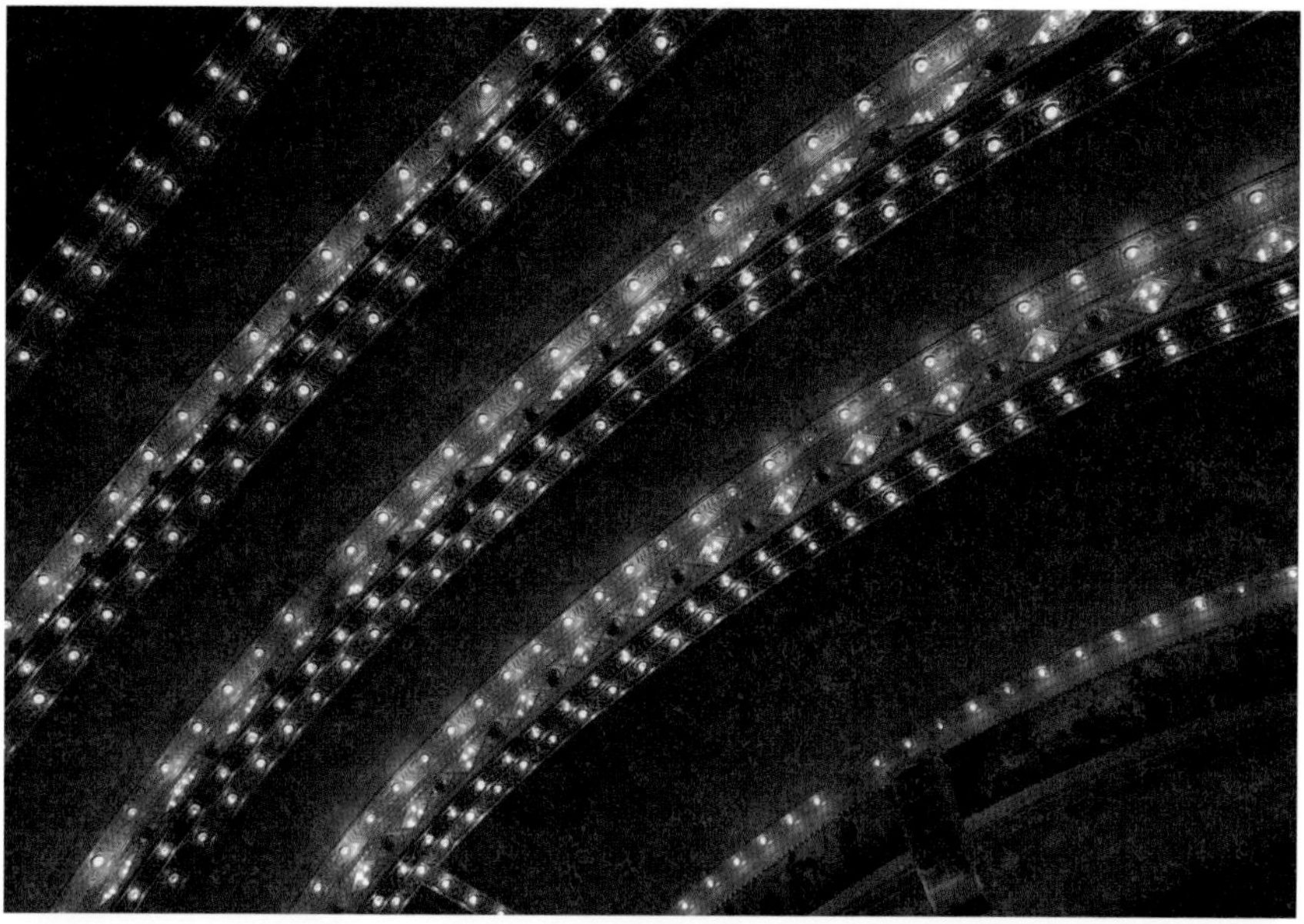

## フランク・L・ライトの住宅

# 部屋に生命を吹き込む天井

ライトの住宅デザインは三つの単純な基本原理によって生み出される。第一の原理は、外観の三層構成である。基壇部、中間部、屋根部が積層され、水平ラインが強調される。第二の原理は、中心である。中心に暖炉を置き、そこから空間が離心的に広がり、あるいは暖炉の周りを旋回することで空間の流動性が生み出される。第三の原理は、内部と外部の境界の多層化である。ベイウィンドウ、ベランダ、軒等の半外部、半内部要素を複雑に絡み合わせ、境界を曖昧化することで、内部と外部の連続性の感覚が生み出される。この三つの原理は初期の自邸から晩年の住宅まで一貫している。

これら基本原理のもとで、ライトはさらに断面方向の高さに関してふたつの操作を加える。第一の操作は、日本建築の鴨居にあたる高さで、すべての部屋に共通の水平ラインを設定することである。長押に相当する水平部材を設け、扉や窓の上端をこの高さで揃えることで、水平ラインは部屋群を縫い合わせ、そのまま内外の境界を超えて軒下までつながる。水平ラインは空間に人間的尺度を与えるとともに、三つの基本原理を媒介する役割を担う。

第二の操作は、この統一的な水平ラインよりも上部において、日本建築の欄間に相当する部分の壁面高さ、それに連動する天井高さ、さらに天井自体の形状を部屋ごとに個別に設定することである。天井の形状は切妻、寄棟、多角形断面、ヴォールト、折上げと多様であり、いずれも中心部が高く設定され、そこにライト自身による繊細な意匠の照明が取り付けられる。

これら天井の操作によってそれぞれの部屋は個別の性格と中心性を付与される。暖炉によって規定される強い中心と、それを囲むように点在する部屋ごとの弱い中心群は、太陽とそれを囲む惑星群の関係を想起させる。ライトは住宅を構成する部屋群の個別性とその集合による全体性の均衡を周到に制御する。

ライトの住宅群は一貫して単純な基本原理によって統御されている。その原理は住宅をひとつにまとめる統合力と、多様な空間を生み出す生成力を同時に備える。この多様な空間の生成を促す変数の役割を担うのが天井である。このことを理解したうえで改めてライトの住宅の天井を眺めてみる。すると、彼がひとつひとつの部屋に生命を吹き込むかのように天井のデザインに取り組んでいたであろうことが伝わってくる。（ＫＩ）

落水荘寝室
Edgar Kaufmann Residence / Fallingwater
フランク・L・ライト
1937
ペンシルヴェニア州ミルラン
アメリカ

## ウィーン郵便貯金局＋シュタインホーフ教会

# 満たす光を生み出す天井

オットー・ワーグナーの代表作であるふたつの建物、ウィーン郵便貯金局とシュタインホーフ教会は、一九〇六年と一九〇七年に連続して竣工する。それに先立つ一八九九年にはマジョリカハウスとメダリオンハウスが完成する。これらの建物には影の消去という共通の特徴がある。

バロック様式の彫りの深い建物が残るウィーンの街並みの中で、マジョリカハウスとメダリオンハウスの彫りの浅さは際立つ。花模様のタイルと金色の装飾を纏った凹凸の少ない平滑な壁面には、影の居場所が用意されていない。影を排したファサードは重さと厚みをもたない薄いスクリーンのように見える。

影の消去は空間内部でも試みられる。その舞台がウィーン郵便貯金局とシュタインホーフ教会である。郵便貯金局では中庭にガラスの切妻屋根が架けられ、そこから湾曲した乳白ガラスの天井が吊られ、床には下階の採光のためのガラスブロックが敷かれる。柱は天井を突き抜けてガラス屋根を支え、そこから天井が吊られる。細い吊り材と枠材によって影の量は最小限に抑えられ、乳白のガラス天井を通過した拡散光は影のない非日常の空間を満たす。

シュタインホーフ教会では中央のドーム屋根と礼拝堂を覆う天井にそれぞれ独立した形態が与えられ、上部から吊られた天井は重さと厚みをもたない被膜として扱われる。壁と天井を連続面とし、接合部を消すことで影の居場所をなくす一方、金色のグリッドが壁と天井の分節の痕跡を暗示する。

天井の金色グリッドの一枚一枚にはパネルを留め付ける鋲のパターンが描かれる。これは郵便貯金局やシュタインホーフ教会の外壁で採用された装飾デザインである。職人の手痕のような感情移入を誘発する表現を避け、機械的で抽象的な表現に徹することで、軽さの感覚を追求する。物質感や影を消去した天井では、金色のグリッドが微かな光さえものがさず捉え、空間が光で満たされていることを視覚的に示す。

建築には二種類の光の状態が存在する。ひとつは差し込む光であり、他のひとつは満たす光である。[*1] これらの光の状態は古今東西の建築で観察することができる。後者の満たす光の代表は、初期キリスト教のモザイクで包まれた空間やゴシックの教会堂である。ワーグナーは郵便貯金局とシュタインホーフ教会の天井のデザインを通して、この満たす光の可能性を探求する。実際にふたつの建物を訪れると、近代が生み出した極上の満たす光を体感することができる。（ＫＩ）

シュタインホーフ教会
Kirche am Steinhof
オットー・ワーグナー
1907
ウィーン、オーストリア

## バウスベア教会

# 天空の雲

バウスベア教会はシドニー・オペラハウス[*1]の設計者として知られるヨーン・ウツソンの設計のもと、一九七六年に竣工する。シドニー・オペラハウスとは対照的に、建物外観はコンクリートの構造フレームにコンクリート製パネルが割り付けられた直線的な構成である。

柱は水平方向に規則正しく反復し、その表面にコンクリートパネルが取り付く。パネルの高さが基準となり、各所の寸法はその整数倍として設定される。パネル幅はその五倍、建物基準高さはその一〇倍と、シンプルなモデュールによってシステマチックに建物全体が構成される。中央部では階段状に建物高さが増し、礼拝堂を収容する最上部は基準高さの三倍半まで上昇する。外壁上部ではパネルがタイルに置き換えられ、淡白な外観に微かな表情が与えられる。

平面も外観と同じく正方形モデュールで規則的に構成される。外周の三面が廊下によって囲われ、その内側は四本の廊下によって五つのエリア（チャペル、礼拝堂、事務所＋付属諸室、ホール、集会室）に分節される。各部屋の採光は挿入された中庭から行われる。廊下は外観同様、柱とパネルの規則的反復によって構成される。廊下頂部には切妻のガラス屋根が載り、天空光が空間を満たす。

各部屋の天井は大小の円弧を組み合わせた連続曲面としてデザインされ、薄肉の鉄筋コンクリートシェル構造で一体成型される。直線的で分節的な外観や廊下と対照的である。ウツソンはこの天井を雲から着想する。コンクリートシェルはあくまでも天井であり、その上部を金属板の屋根が覆う。屋根の役割を免除されたシェルは、空間を覆うことに専念する。

礼拝堂では音響的な条件を満たしつつ、天井が複雑に湾曲しながら上昇する。天井頂部に設けられた開口から差し込む光は、湾曲面をなぞるように下降し、徐々に減衰する。光の濃淡が空間に表情を与え、柔らかな雰囲気を生み出す。

シェル天井は部屋を囲む廊下の柱によって支えられる。廊下の存在によって天井が外壁から切り離され、波打つ天幕が空中に浮遊する感覚が生み出される。廊下頂部から降り注ぐ天空光が天井周囲を満たし、浮遊感は増幅される。白く塗装された天井にはコンクリートの質感や木製型枠の痕跡があえて残されている。それらは天井の物質性と重さを見る者に想起させる。固くて重いはずのコンクリートが、柔らかく湾曲し浮遊する。その両義的な感覚がバウスベア教会の天井を独自なものとしている。（ＫＩ）

バウスベア教会
Bagsværd Kirke
ヨーン・ウツソン
1976
バウスベア、デンマーク
写真：三上祐三

## 関西国際空港旅客ターミナル・ビル

# 空気を導く天井

一九九四年、大阪湾の人工島に関西国際空港が開港する。国際設計競技により岡部憲明をプロジェクト・リーダーとするレンゾ・ピアノ・ビルディング・ワークショップが旅客ターミナル・ビルの設計者に選定される。建物全体はステンレスパネルとガラスで覆われ、太陽の位置と見る角度によって表情を変える。長さ一・七キロに及ぶ搭乗エリアの屋根は半径一六・四キロの巨大な仮想円に沿って円弧を描く。両端が緩やかに沈み込む柔らかな屋根のシルエットは「翼を休める鳥」と形容され、滑走路や海の水平線と対比をなす。

ターミナル・ビル中央部は幅一六メートル、奥行八五メートルの構造単位の反復と連結によって構成される。ゆったりと波打つ屋根形状は室内の空気の流れによって決定される。設計競技の段階でアラップ事務所によって独自の空調システムが提案される。ジェットノズルから放出される気流がオープン・エアダクトと呼ばれる吊り天井下面に沿って運ばれ、ターミナルの空気環境を整える。

空気の流れと温度分布はコンピュータ・シミュレーションによって可視化され、天井の最適形状が導き出される。天井の素材は静電気による埃の付着を抑制するテフロン・コーティングされたガラス繊維膜である。アルミフレームに取り付けられた長さ七五メートルの白い天井膜一九枚が構造トラスの間に吊り下げられ、空間を軽快に覆う。天井膜は間接照明の反射板となり、空間全体を柔らかな光で満たす。関西国際空港旅客ターミナル・ビルの天井は環境制御装置としての工学的側面と、人々を包む空間の覆いとしての美学的側面の高度な融合によって生み出される。

レンゾ・ピアノの創作の背後にはつねに軽やかさへの志向が存在する。プロジェクトごとに建築を構成する要素をいったん分解し、それぞれのパーツに適切な役割とかたちを再定義し、それらを再構成する。このプロセスを愚直に繰り返すことによって、彼のつくり出す建築は軽やかさの感覚を獲得する。軽やかな建築は自然を拒絶するのではなく、自然を受け入れ、その変化にしなやかに応答する。彼の以下の言葉がそのことを端的に示している。「関西新空港は、震源地からの距離が神戸と等距離にあった。……我々のつくった建物は非物質的で華奢に見えるが、その実、大地震にも耐えた。建物はガラス一枚割れることもなく、全くの無被害であった。自然の猛威は、樫の木をなぎ倒すことはあっても、軽やかでフレキシブルな竹を裂くことはないのだ[*1]」。（ＫＩ）

天井

関西国際空港
旅客ターミナル・ビル
レンゾ・ピアノ、岡部憲明
1994
大阪府泉南郡・
泉佐野市・泉南市

## 五節　天井

★（　）内は原著の刊行年

＊1　クリストファー・アレグザンダー他、平田翰那訳『パタン・ランゲージ　環境設計の手引』鹿島出版会、１９８４（１９７７）、pp.464-465

### 網籠のような天井　キングズ・カレッジ・チャペル

文献　岩城和哉『知の空間　カルチェラタン・クォードラングル・キャンパス』丸善、１９９８

＊1　本書 pp.254-255 参照。

### 珠玉の幾何学　サンティーヴォ・デッラ・サピエンツァ

文献1　湯澤正信『劇的な空間　栄光のイタリア・バロック』丸善、１９８９

文献2　長尾重武『ローマ　バロックの劇場都市』丸善、１９９３

＊1　本書 pp.48-49 参照。

### 過剰を覆う過剰　ジョン・ソーン自邸

文献1　Margaret Richardson, MaryAnne Stevens eds., "John Soane: Master of Space and Light", Roya Academy of Arts, 1999

文献2　磯崎新『サー・ジョン・ソーン美術館（磯崎新の建築談義11）』六耀社、２００４

＊1　スーザン・ソンタグ、富山太佳夫訳『火山に恋して』みすず書房、２００１（１９９２）、p.81

＊2　文献1、p.62, Christopher Woodward による論文から訳出。

### 電球で眩く輝く天井　オーディトリアム・ビル

＊1　コーリン・ロウ、伊東豊雄、松永安光訳『マニエリスムと近代建築』彰国社、１９８１（１９７６）、pp.115-148、「シカゴフレーム」参照。

＊2　二〇世紀なって、オペラや演劇のために三層目、四層目の客席を覆う改装が行われた時期があった。

＊3　上部二層は柱が邪魔する箇所がある。

### 部屋に生命を吹き込む天井　フランク・L・ライトの住宅

文献1　『GAトラベラー００３－００６ フランク・ロイド・ライト〈落水荘〉〈プレイリー・ハウス〉〈ユーソニアン・ハウス〉〈エレガント・ハウス〉』エーディーエー・エディタ・トーキョー、２００２、２００３

文献2　ウィリアム・A・ストーラー、岸田省吾監訳『フランク・ロイド・ライト全作品』丸善、２０００（１９９３）

参照　The 20th-Century Architecture of Frank Lloyd Wright, UNESCO World Heritage List (website)

## 満たす光を生み出す天井

**ウィーン郵便貯金局＋シュタインホーフ教会**

文献1　川向正人監修・著『OTTO WAGNER　オットー・ワーグナー建築作品集』東京美術、2015

文献2　『GA 47　オットー・ワーグナー　ウィーンの郵便貯金局、シュタインホフの礼拝堂』エーディーエー・エディタ・トーキョー、1978

文献3　越後島研一『世紀末の中の近代 オットー・ワーグナーの作品と手法』丸善、1989

＊1　香山壽夫「第四回　窓について 空間と光」『建築意匠講義』東京大学出版会、1996、pp.65-88

## 天空の雲　**バウスベア教会**

文献1　"AV 205 Jorn Utzon 1918-2008", Arquitectura Viva, 2018

文献2　'BAGSVAERD CHURCH'"UTZON LOGBOOK" vol.2, Edition Blondal, 2005

＊1　本書pp.76-77参照。

参照　AD Classics: Bagsværd Church/Jørn Utzon, ArchDaily (website)

## 空気を導く天井　**関西国際空港旅客ターミナル・ビル**

文献1　レンゾ・ピアノ・ビルディング・ワークショップ『関西国際空港旅客ターミナルビル』講談社、1994

文献2　ピーター・ブキャナン、渡辺研司訳『レンゾ・ピアノ・ビルディング・ワークショップ』Vol.3、ファイドン、2005(2000)

＊1　レンゾ・ピアノ、石田俊二訳『レンゾ・ピアノ 航海日誌』TOTO出版、1998(1997)、p.162

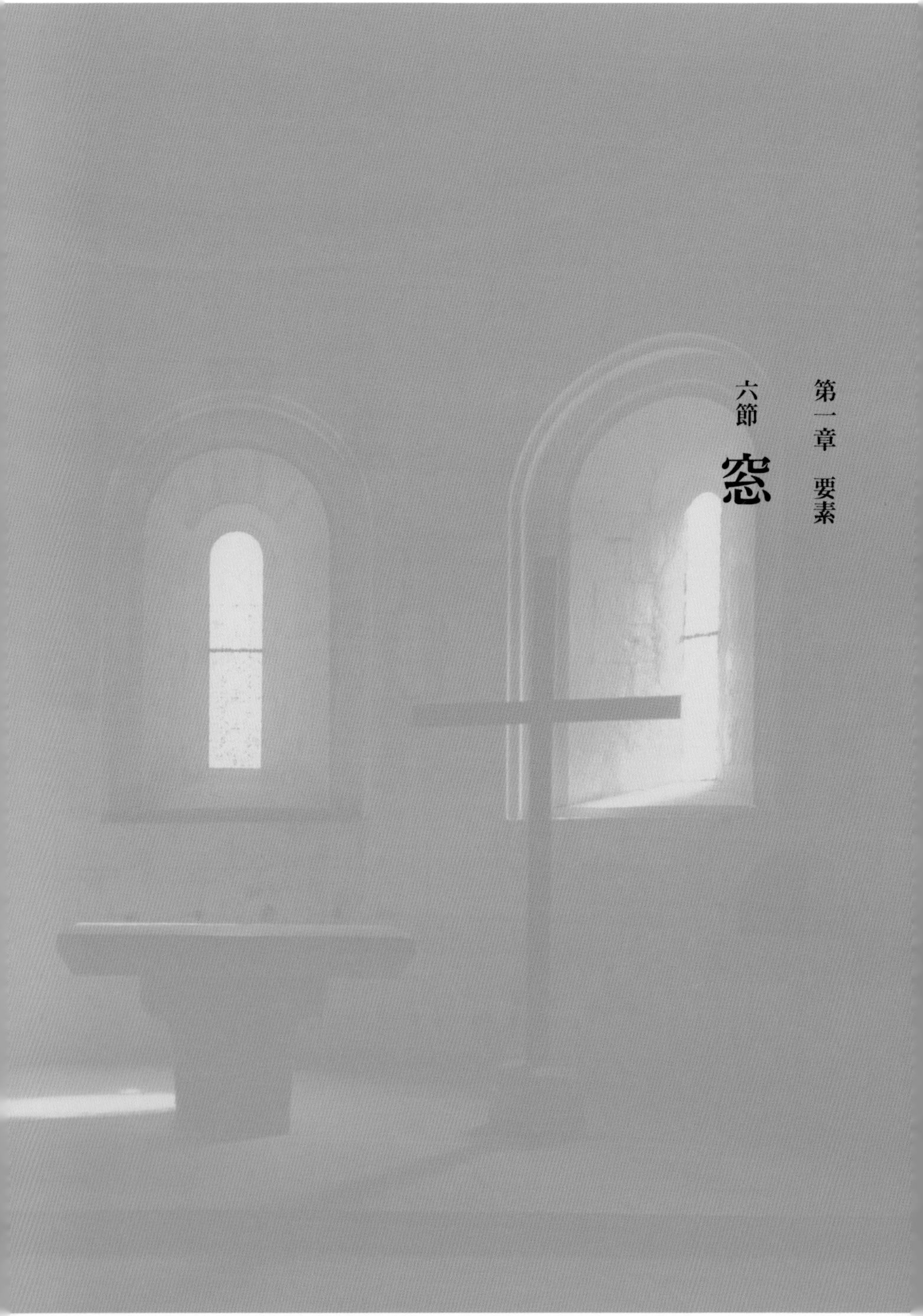

第一章　要素

六節　窓

建築の基本は部屋をつくることにある。部屋は中心を定め、空間を囲い、物体を支えることによって生み出される。部屋をつくる際の囲いは必ずしも閉じることを意味しない。囲うことは境界を定めることと同義であり、境界の状態、すなわち、開いているか、閉じているかは周囲との関係に応じて設定される。囲いをつくることは内と外の関係、あるいは自分と世界との関係を調停することにほかならない。

部屋の囲いを閉じる要素は壁、床、屋根、天井である。それらの隔てるかたち、載せるかたち、覆うかたちが閉じた境界を形成する。一方、部屋の囲いを開く要素は入口と窓である。入口では人が出入りし、窓では光、音、熱、風、香り、空気、視線が出入りする。入口と窓は単に開くだけでなく、必要に応じて閉じられ、開閉する境界を形成する。

窓では多種多様な往来が発生する。その種類と程度を取捨選択することで窓は適切に設えられる。たとえば、雨や雪に対して窓はつねに閉じられる。しかし、よく観察すると閉じられるべき対象はその水分であり、雨音や雪の積もる音、雨粒の動きや雪の白さ、雨の匂いに対しては、窓を開いても構わない。このように、窓における往来を観察し、そのひとつひとつに丁寧に対処することによって、多様で豊かな窓が生み出される。

現代においては、じっくりと観察し、丁寧に窓を設える機会は失われつつある。防災や省エネ認定の高性能の規格品が並ぶ窓メーカーのカタログから型番を選び、完成品の窓が現場に届く。自分と世界の関係を調停し、囲いを開閉する窓に、個人の感性が入り込む余地が少ない。

とは言え、豊かな窓の系譜が途絶えたわけではない。囲いをつくるという建築の根本を探求するとき、そこには必ず窓の問題が浮上する。本節では窓の多様なありようを観察し、それが発するかたちことばに耳を傾ける。（ＫＩ）

## ル・トロネ修道院

# 光と石の共演

ル・トロネ修道院は一一三六年に設立され、一一六〇年から一二三〇年までの七〇年をかけてシトー修道会独自の様式の建物が建設される。フェルナン・ブイヨンの『粗い石』で描かれるように、ここでは修道士が土地の開墾や建物の建設に携わる。

簡素を旨とするシトー会の理念はそのまま建築に反映される。装飾や彫刻は排除され、最小限の要素による幾何学的な秩序が建築全体を支配する。建物の平面や断面は規格化された正方形モデュールに基づき統御される。これら簡素化と規格化に加えて、土地への応答が行われる。温暖なル・トロネでは回廊が教会の北側に置かれ日陰をつくる。北部の修道院では日照を求めて回廊は教会の南側に置かれる。

ル・トロネでは傾斜した地勢に対して複数の床レベルが設定される。段差は回廊にも現れ、階段で調整される。建設材料についても、地場産の材料が用いられる。このように場所が建築に表情を与える。同時に建築は場所の特性を可視化し増幅する。ル・トロネの幾何学による簡素な建築形態は、周囲の自然や大地の起伏を対比的に強調する。この土地で採れる自然石は、幾何学に加工され建築の一部に組み込まれることで、ひとつひとつの肌理や表情が際立つ。

ル・トロネにおける場所と建築の共演の中で特筆すべきは、光と窓である。石を積み上げた壁にアーチや矩形の開口が穿たれ、そこに自然光が導き入れられる。厚い壁に穿たれた開口は奥行が深い。その奥行を利用するように、開口の室外側は小さく絞られ、室内側は大きく広げられる。ガラスを透過した光は、奥行のある台形断面の窓を通過しながら拡散し、室内を照らす。高速で移動する光の物理的性質とは別に、光は私たちの眼前に様々な様態で姿を現す。暗闇に差し込む鋭い光、上方からゆったりと降下する光、夜空の満月のごとく天井にとどまる光、水面に反射し浮かび上がる光など、窓に応じて光は多様な表情を見せる。

ル・トロネの光は独特である。まろやかで柔らかな光の塊が窓の中にとどまっている。その光の表情は、奥行と台形断面を備えた窓によって生み出される。この手法はル・コルビュジエに踏襲され、ロンシャン教会堂で大胆に展開される。しかし、両者の光は明らかに異なる。違いの原因は素材である。土地で採れた石と世界中で流通するコンクリートの違いが光の質に現れる。ル・トロネの石は建物になる以前からこの土地の光を浴び続けてきた。そのような光と石の共演によって、窓の効果はいっそう豊かなものとなる。(KI)

ル・トロネ修道院
Abbaye du Thoronet
1160〜1230
ル・トロネ、フランス

サント・シャペル

# 窓としての壁、壁としての窓

ゴシックの聖堂は一二世紀半ばから一三世紀半ばにかけて、上昇する空間への希求と、それを実現するための構造的展開によって一気に盛期を迎える。サン・ドニからパリのノートルダム、シャルトル、ランス、アミアンと続く大聖堂の構造は、ロマネスク以来の交差ヴォールトで天井を構築することに固執した。ヴォールトは迫り高が低いと基部にかかる横力が大きくなるから、頂部を高くすることが求められた。結果として、頂部が尖った尖頭ヴォールトと、その端部としての尖頭アーチ窓とがゴシックのアイコンになる。大聖堂は平面的な規模も要求するので、身廊に加え側廊が両側に一重(三廊式)、二重(五廊式)と設けられ、その部分が構造的に身廊の高さによる負荷に対応する。高く立ち上がった身廊の壁面はフライング・バットレスによって横力が支持され、壁である必要はなくなる。

一三世紀半ばになると、より小規模な聖堂の建設が進み、構造的合理性を維持しながら、さらに構造と関係したかたちの展開が見られる。前記大聖堂でも交差ヴォールトは端部をリブが支えるリブ・ヴォールトである。そのリブが柱に沿って床まで達する。細いリブの束が上方で解き放たれたような一体感のある籠状の空間が形成された。宮廷聖堂のサント・シャペルはその最初期の例である。クリプトにあたる三廊式の一層目は臣下用で、その上階が国王ルイ九世の空間である。低い腰壁と非常に高い窓で構成されている。

規模が小さく、主空間が単廊式であり、フライング・バットレスはない。しかし外から見た印象は、柱のような控え壁(控え壁のような柱)は相応の存在感を示している。にもかかわらず、内部は本当に光の籠のようである。リブ・ヴォールトは高さを誇示せず、むしろ扁平にすら見え、窓の存在をさらに際立たせている。一本の柱は三本のリブが合流してできる。それに加え、窓枠のリブが同様に扱われて、天井から降りてくるリブと一体化することで、柱も存在を隠している。すなわち、籠状の構造とガラス面のみでできているかのようである。

教会堂の壁はモザイク画やフレスコ画によって聖書を物語る。その壁が消失したことにより、ステンドグラスの窓がその役割を担う。光で満たされた空間をつくるとともに、それは逆説的に壁面としての役割ももっている。あまりにきらびやかなガラス窓は、細部のかたちが放射状をなすレイヨナン式の代表例とされる。しかし、正面の薔薇窓はそれに続く火炎模様のフランボワイアン式の兆しをすでに見せている。(ＩＩ)

サント・シャペル
Sainte Chapelle
1248
パリ、フランス

## バシリカ・パッラディアーナ

# 統合する窓

バシリカ・パッラディアーナはヴィチェンツァのシニョーリ広場に建つ。一五世紀に建てられたゴシック様式のラジョーネ宮の周囲にロッジアが増築され、現在の姿となる。一五四六年、増築部の設計者としてアンドレア・パッラーディオが選ばれる。工事は一五四九年に着工し、一六一四年に竣工する。建物名称は古代ローマの公会堂バシリカと設計者の名に由来する。

増築では当然のことながら既存建物の存在が前提条件となる。バシリカでは既存のラジョーネ宮の不整形な平面や不揃いの柱間が、周囲を取り巻く新たなロッジアのデザインの前提条件となった。パッラーディオはそれを受け入れつつ全体に統一感をもたらす手法を模索する。いくつかの試案を経て彼は最終的にセルリアーナと称される開口形式を全面的に採用する案に到達する。セバスティアーノ・セルリオの建築書の中で「ヴェネツィア風窓」として紹介されている開口形式であり、彼の名前をとってセルリアーナと呼ばれている。

セルリアーナはひとつの柱間を三分割し、中央にアーチとそれを支える古典オーダーの柱、その両脇に矩形の開口を設ける形式である。通常、アーチは柱間に応じて半径が決定されるため、柱間寸法が異なるとアーチの半径も異なる。この問題に対して、セルリアーナでは両脇の矩形開口の幅を調整することで、柱間寸法とは独立してアーチの寸法を統一することが可能となる。セルリアーナの採用は、既存部における柱間寸法の違いという与条件のもとで、外観の統一的意匠の実現に寄与するとともに、巨大な建造物にヒューマンスケールと軽快なリズムをもたらす。

バシリカのロッジアは、支えることと囲うことの対立的統合の興味深い事例である。既存建物の増築における適切な支え方と公共施設としての適切な囲い方の相克の中で、両者を調停する要素としてセルリアーナが重要な役割を担う。パッラーディオはこの建物において、窓を建築の本質である支えることと囲うことの統合要素へと昇華させることに成功する。

セルリアーナはその後、パッラーディオの建築の代名詞となり、パラディアン・モチーフとして時代と地域を超えて流布する。しかし、そこにはパッラーディオが格闘した支えと囲いの対立的統合の痕跡はなく、建築の表層を飾る記号的様相を呈してゆく。そのプロセスもまた建築における支えと囲いの均衡とその変容の問題を考える具体的事例として興味深い。（ＫＩ）

バシリカ・パッラディアーナ
Basilica Palladiana
アンドレア・パッラーディオ
1614
ヴィチェンツァ、イタリア

## ラ・トゥーレット修道院

# 窓の実験場

一九五二年、ル・コルビュジエはドミニコ会のクーテュリエ神父よりラ・トゥーレット修道院の設計を依頼され、一九六〇年に建物は完成する。敷地はリヨン近郊のエヴーの西斜面の土地であり、建物規模は地上三階、地下二階である。敷地が斜面のため、地下の大部分は地上に現れ、ピロティが地形と建物のレベル差を調停する。建物には東側の道路から一階レベルにアクセスし、そこから上下階に移動する。

ル・コルビュジエはつねに伝統との対比によって自らの創作を位置づけてきたが、この修道院では中庭型の構成という伝統的な建物配置を踏襲する。中庭北面に教会、地下礼拝堂、聖具室を収容する巨大なヴォリュームが置かれ、それ以外の三面は、二階と三階に修道士の僧房、一階に教室、図書室、小礼拝堂、地下一階に食堂、参事会室、地下二階に台所が配置される。

伝統的な建物配置とゾーニングを踏襲する一方で、要素レベルではル・コルビュジエ独自の形態言語が建物各所に仕込まれる。たとえば、中庭を囲む伝統的な回廊は採用されず、地下一階レベルに中庭を横断する十字の通路とアトリウムが設けられ、ピロティで支えられる。あるいは、鐘楼、換気窓、応接室、小礼拝堂、螺旋階段、煙突、聖具室、地下礼拝堂にそれぞれ独自の彫刻的形態が与えられ、空間を活気づける。

さらに、ラ・トゥーレット修道院における窓の独自性とその種類の豊富さは特筆に値する。『ル・コルビュジエ全作品集』の中で、彼は窓に関して複数の名称を使い分ける。窓、水平連続窓、ガラス壁、不規則ガラス壁、波動ガラス壁、アエラトゥール（通風用盲窓）、ガラスブロック、クラウストラ（壁に穿たれたはめ殺し窓の集合）、キャノン（採光用筒型窓）の九種である。ル・コルビュジエにとって窓はつねに中心的な主題であり、生涯を通して多様な窓の可能性が探求される。

ラ・トゥーレット修道院はル・コルビュジエによる窓の実験場である。彼が生み出す多様な窓とその変種をひとつの建物で思う存分満喫することができる。同時に、この建物を訪れると、地味ではあるがアエラトゥールが重要な役割を担っていることに気づく。多くの窓は実験的であるがゆえに特注のはめ殺し窓が多く、開閉できない。いくつかの窓は、窓枠までもがコンクリートでつくられ、そこにガラスが直接はめ込まれる。この開閉できない窓を補完するために、随所に通風用のアエラトゥールが装填され、修道院内部に空気の流れを生み出している。（ＫＩ）

ラ・トゥーレット修道院
Couvent de la Tourette
ル・コルビュジエ
1960
エヴー、フランス

## エシェリック邸＋フィッシャー邸

# いろいろな窓

ルイス・I・カーンは制作にあたって、つねにビギニングス（始まり、根元）[*1]に立ち帰る。その思索の方法はとても示唆に富む。ここではカーンが窓をどのように捉えたか、初期のふたつの住宅作品をとおして、そのあり方をみたい。

マーガレット・エシェリック邸はフィラデルフィア郊外のチェスナットヒルに建つ。チェスナットヒルはアメリカで最初期の郊外住宅地のひとつで、今も自然豊かな環境を保っている。敷地は南東下がりの緩やかな傾斜地で、木々に覆われている。

ここではスケッチを重ねるごとに街路に面した北西面と庭側の南東面の窓の抱き[*2]、つまり壁の厚みが増していく様子が見える。フィックスのガラス窓は外壁の外面に合わせて設けられ、板戸は外壁の奥にあって雨をしのぐ。板戸は観音開きで外側に開く。開けたときに外壁から飛び出さない程度に抱きがとられる。つまり外壁は板戸の幅とほぼ同じ厚さになる。その厚みを利用して、開口でないところは棚や腰掛けが設けられる。ガラス窓は自然光を取り込み、またその位置によって視線をコントロールする。板戸は光を遮断するが、開け放たれて風を呼び込み、低い位置に設けられて、外と連続する。

前記二面の開口が、完璧にコントロールされているのに対して、キッチンやランドリーに対応する北東面が、内部の要求をそのまま表出していることがむしろ好ましく思われる。そして、吹抜けのリビング南西面の唯一の窓はさらにユニークである。両妻面に暖炉を配する平面形式は植民地時代の住宅から見られる。が、ここでは煙突を外壁から外に離し、かつそこにガラス窓を設けている。暖炉は家族の中心であり象徴である。そこに集う人が夕暮れの太陽と交わる。そのことが意図されている。

ノーマン・フィッシャー邸はフィラデルフィアから北に二五キロほどのハトボロ、ペニーパック・クリークに向かって北東下がりの少し急な斜面に建っている。エシェリック邸のすぐ後に計画され、開口の問題がほぼ共有され、さらに展開されている。ふたつの直方体が四五度の角度で組み合わされた全体形もカーンの特徴と言ってよい。北側のブロックは家族の空間で、二層吹き抜けている。クリークを望む東向きのコーナー窓は、大小のガラス窓、板戸の開口、ベンチが一体となって空間化されている。それ自体が部屋のようである。半円形平面の暖炉がそこに参加して暖かい。カーンの「ルーム」が実現している。（I I）

窓

上：エシェリック邸
Margaret Esherick House
ルイス・I・カーン
1961
ペンシルヴェニア州
チェスナットヒル
アメリカ
下：フィッシャー邸
Norman Fisher House
同、1967
ペンシルヴェニア州ハトボロ
アメリカ

## デン・ハーグの教会

# 円筒の天窓群

デン・ハーグの教会はアルド・ヴァン・アイクの設計により一九六九年に完成する。敷地はハーグ郊外に位置し、雑木林に囲まれ、横を運河が流れる。建物外観は矩形の一部が上方に突出した単純な形態であり、素材も質素なコンクリートブロックである。

建物北端と中央部が上方に突出し、前者には教会のプライベートな居室、後者には中央通路の吹抜けが収容される。窓は建物北側に集中し、他の三面に窓はない。主要な入口は東西面に設けられ、木製扉の脇に円筒形の突出部がある。円筒形の壁の内側は祭壇と告解室である。平面は単純な矩形であり、短辺五列、長辺八列の正方形グリッドで構成される。

長辺方向は機能に応じて分節され、四つのエリア（管理＋居室、玄関＋多目的室、中央通路、礼拝）が南北に並ぶ。短辺方向は構造体によって分節され、板状の柱梁に挟まれた空間が層状に連結され、それを背の高い中央通路が東西に貫く。中央通路の両側には祭壇や聖水盤を囲う半円形の自立壁が並び、突当りの壁には十字架が架かる。教会西面の主玄関は周囲の土地よりも低い位置に設定され、建物内部では西から東へと床レベルが上昇し、東面から外に出ると周囲と同じ地盤レベルに戻る。室内のスキップフロアは正方形グリッドとは独立して設定され、人の流れや祭壇を生み出す空間装置の役割を担う。

壁面に窓のない閉ざされた空間に光をもたらすのは、天井に並ぶ円筒形の天窓である。礼拝堂には直径三・五メートルほどの天窓が八つ、多目的室にはふたつ並ぶ。天井の高い中央通路にはひと回り小さい直径二・五メートルほどの天窓が四つ並ぶ。天窓は各層状空間の中央ではなく、それらの境界部分に、梁をまたぐように設置される。梁によって分節された層状の空間は、光の円によって再度、結合される。同時に、円筒の中に集められ、ひとつになったはずの光は梁によって二分され、ふたつの空間に振り分けられる。

天窓の円筒は梁と同じく、天井から下方に突出する。円筒の内面と外面には光と闇の鋭いコントラストが発生する。内面の光が強いほど相対的に外面の闇は深く感じられる。低い天井に八つの大きな円筒が並ぶ礼拝堂では、光の周囲にびっしりと濃い闇が漂う。この教会は一見、単純な建物に見える。しかし、丁寧に観察すると、その空間には建築家によって周到に用意された各種の対比が幾重にも仕込まれていることに気づく。その最たるものが円筒の天窓群である。（ＫＩ）

デン・ハーグの教会
Pastoor van Arskerk
アルド・ヴァン・アイク
1969
デン・ハーグ、オランダ

## 高岡市金屋町

# 千本格子がつくるまち並み

日本建築は、厚い壁に囲われず、何重にも重なる面や層が開いたり閉じたり、外部と内部は、緩やかに仕切られ、つながる。面や層も多様で、障子、格子、板戸、襖、簾、暖簾など、枚挙にいとまがない。開き方も、引き、開き、突き出し、折れ、無双、揚げ、倹飩《けんどん》など、実に多様である。これらに大きさや位置などのヴァリエーションも合わせると、無限の組合せとなる。

一方、今日の日本では、アルミサッシや鉄扉など、内部と外部を強烈に分断する手法が普及し、それは人と人との関係にも影響しているように見受けられる。しかし、よく目を凝らしてまちや建築を見ると、豊かな伝統や工夫が見えてくる。特に地方都市では取り残されたように生き残り、それらを見直す動きも目立ってきている。ここではそのひとつ、千本格子《さまのこ》と呼ばれる格子に覆われた町屋が並ぶ高岡の金屋町を紹介する。

金屋町は、江戸初期に前田家が七軒の鋳物師を招いてつくられたまちで、五〇〇メートルほどにわたり、格子に覆われた町屋が五〇以上軒を連ねている。背後の川の水運を生かし、江戸・明治・大正・昭和にわたり高岡の鋳物産業の中心地として栄えていた。高度経済成長期に多くの作業所が郊外の工場に移転し、バブル崩壊後は他の地方都市と同様、過疎高齢化の波に襲われ、空家や空地も増えてきている。しかし、二〇一二年に重要伝統的建造物群保存地区に指定され、単に観光名所ではなく、日常の生業と暮らしが両立するまちを目指して地域住民が主体的に努力を重ねている。

町家の主屋の間口は狭い。五〜六間ほどのものが多く、一部の下見板や漆喰壁を除き、縦格子がはめ込まれ、その内側にガラス戸や障子戸が重なっている。平入りの大屋根は低く、深い軒を支えるために、垂木が大きくはね出したり、腕木が迫り出して桁を支えている。また一階の高さには、腕木や桁で支えられた厚板の下屋が架けられている。通りは、車がギリギリすれ違える程度の幅で、歩いていても圧迫感がなく、ヒューマン・スケールが保たれている。

昼間は、外部に比べて内部が暗く、縦格子が斜め方向の視線を遮るので外から内部が見えにくい一方、内部には散乱した柔らかい光が注ぎ込む。また夜は、内にいながら格子越しにまちを歩く人の気配を感じ、障子や格子の隙間から内部の灯りが通りにもれて幻想的なまちを演出する。イベントや祭りのときは、格子が外され、町屋の内部がまちに開放される。格子は、単に内部と外部だけでなく、建築とまちを、人と社会を緩やかにつないでくれる。（ＫＨ）

窓

金屋町重要伝統的建造物群
保存地区
1609～
富山県高岡市

## 千ヶ滝の山荘
# 閉じること／開くこと

この家は、建築家自身と家族のための森の中の小屋である。幼少期を満州で、青年期をアメリカ大陸で過ごした香山にとって、賑やかで活気に満ちた大都市での暮らしを補完するため、それとは全く対照的な単純で素朴な暮らしが必要不可欠であったという。ここでは、ひとり静かに本を読み、スケッチを描き、夏は草を刈り、木を伐り、寒い冬は薪ストーブにあたり、澄みわたる景色を眺める。

そのような暮らしに合わせるため、一般的な住宅に求められる快適性や利便性とは一線を画し、単純で素朴なかたちと、それを成り立たせるディテールが徹底的にスタディされた。その結果、四間四方の平面に直行する切妻屋根が載る単純な幾何学形となり、ガラスはすべてはめ殺し、空気を入れたり出したりしたいところのみ板戸となった。寒い冬は単純な箱として閉ざされ、夏は四方に開放され、まるで建築が呼吸しているかのような豊かな表情をもつ。

一階の南東と南西コーナーは、床から天井まで一間幅のペアガラスが筋交いの外にはめ込まれ、ガラスの壁として空間を囲み、光と視線は通す。そのため板戸が閉ざされた冬でも景色を楽しめる。一方、それらに挟まれた南側は三段の板戸で構成され、上段は突き出して庇に、中段は前に倒れ窓台に、下段は開き戸で足元に風を取り込む。その内側には、上下二段の引違いの障子が重なり、これらが様々な組合せで動くことで、夏には大きく開き、寒い冬には閉じて壁になる。東側のテラスに面しては、町屋のくぐり戸付き大戸のように、上部に突出し板戸、下部に開き板戸の小扉が組み込まれた一間幅の開き板戸が設けられ、閉じたり、部分的に開いたり、大きく開放することができる。小屋裏には、はめ殺しのピクチャー・ウィンドウが開けられ、八ヶ岳連峰や四季折々の木々の景色を切り取って見ることができる。その下部にある小さい板戸を突き出すと、風を入れ、下の庭を見下ろせるようになっている。

その後、暮らしや家族に合わせて何度か増築されたが、単純で素朴な小屋というコンセプトは貫かれ、開口部のデザインはさらに多様に展開され、可動の窓や壁や床が散りばめられている。

これらの開口部のディテールは、人や視線、光、風を導き入れ、ときにコントロールし、内部と外部の関係に大きな変化をもたらし、窓の多様性と楽しさを存分に教えてくれる。まさに建築や空間全体の特徴を決定づけている「主なる細部」である。（ＫＨ）

千ヶ滝の山荘
香山壽夫
1983
長野県軽井沢町

# 六節　窓

★（　）内は原著の刊行年


## 光と石の共演　ル・トロネ修道院

文献1　フェルナン・プイヨン、荒木亨訳『粗い石 ル・トロネ修道院工事監督の日記』形文社、2001（1964）

文献2　ル・トロネ修道院 シトー会修道院の「傑作」(Abbaye du Thoronet, Merveille des abbayes cisterciennes), Abbaye du Thoronet guide booklet, Centre des monuments nationaux, 2020

文献3　「中世の光と空間：フランス中南部のロマネスク建築」『SD』1996・10、鹿島出版会

## 窓としての壁、壁としての窓　サント・シャペル

文献　森田慶一『西洋建築入門』東海大学出版会、1971

## 統合する窓　バシリカ・パッラディアーナ

文献1　桐敷真次郎「パラーディオ・モチーフのルネサンス的起源」『日本建築学会大会学術講演梗概集』（近畿）、1987

文献2　長尾重武『パラディオへの招待』鹿島出版会、1994

参照　City of Vicenza and the Palladian Villas of the Veneto, UNESCO World Heritage List (website)

## 窓の実験場　ラ・トゥーレット修道院

文献1　セルジオ・フォロ他、中村好文他訳『ル・コルビュジエ　ラ・トゥーレット修道院』TOTO出版、1997（1987）

文献2　『ル・コルビュジエ全作品集』全八巻、エーディーエー・エディタ・トーキョー、1979（1967・73）

文献3　千代章一郎「ル・コルビュジエの建築作品における「窓」への感性と「東方への旅」」『日本感性工学会論文誌』13（1）、2014

参照　The Architectural Work of Le Corbusier, an Outstanding Contribution to the Modern Movement, UNESCO World Heritage List (website)

## いろいろな窓　エシェリック邸＋フィッシャー邸

文献　『GA 76　ルイス・I・カーン　エシェリック邸、フィッシャー邸』エーディーエー・エディタ・トーキョー、1996

＊1　アレクサンドラ・ティン、香山壽夫、小林克弘訳『ビギニングス　ルイス・カーンの人と建築』丸善、1986参照。

＊2　窓や扉などの開口部左右の側壁面。

## 円筒の天窓群　デン・ハーグの教会

文献1　Johan van de Beek, “Aldo van Eyck projekten 1948-1976”, 1981

文献2　José Fernández-Llebrez, José María Fran, 'The Church in The Hague by Aldo van Eyck: The Presence of the Fibonacci Numbers and the Golden Rectangle in the Compositional Scheme of the Plan', "Nexus Network Journal" Volume 15, Issue 2, August 2013

文献3　「ヨーロッパ建築 1945-1970年」『a+u』2017・11、エー・アンド・ユー

---

## 千本格子がつくるまち並み　**高岡市金屋町**

文献1　宮澤智士『商都高岡の5つの町並み 建築美再発見』高岡市、1997

文献2　高岡市教育委員会『鋳物師の町並み：金屋町・内免伝統的建造物群保存対策調査報告書』高岡市、2011

---

## 閉じること／開くこと　**千ヶ滝の山荘**

文献1　香山壽夫『建築意匠講義』東京大学出版会、1996

文献2　『JA26 香山壽夫』新建築社、1997

文献3　香山壽夫『建築を愛する人の十三章』左右社、2021

第一章　要素

七節　入口

スマホをはじめ最近の情報機器は、シンプルなデザインが多い。しかし電源スイッチが不明瞭なものはいただけない。建築でも、入口が曖昧なものは——増改築を重ねた病院、全面ガラス張りオフィスビルなど——どこから入ればよいのか一見でわからず、不安の海に漂う気分になる。クリストファー・アレグザンダー『パタン・ランゲージ』は、「設計上のすべての決定が入口の位置から発生する」とし、「第一に、正しい位置に正面玄関をおかねばならない。第二に、見分けやすい形にせねばならない」[*1]と述べる。入口はまさに建築体験のスタート地点である。

人間が、ふたつの異なる領域——自分に属するところとその外部——を認識したとき、両者の間に境界を築く。その一部に行き来する箇所を穿ち、入口を設けた。入口の起源はそう捉えられる。都市の門、敷地に設けられた門、さらには住戸入口。領域は入れ子状に構成され、大きな共同体から個々の家庭に至るまで、各入口で通過できる者や物が選別される。入口は、通過の儀礼の場となり、加えて外に向かって内部を徴す記号が付される。ここを通過するということは、それぞれの価値を認め、また認められることを意味する。ようやくノマドの荒地を彷徨する不安からのがれることができる。

入口は周囲の空間にも影響を及ぼす。つまり入口に隣接して交流の場所が生まれる。住宅のポーチや玄関ホール、ホテルのロビー、劇場のホワイエなど。アルヴァ・アールトは、外と内の間の空間の重要性を説き、入口を入る理想的な形を「人間、部屋、庭の三位一体」[*2]と論じた。

内外の往来を可能とする入口は、公と私の関係を規定し象徴する。人は個を守り、しかし世界と関係をもたなければ生きていけない。この生の二重性を調停するのが入口である。なぜアメリカのコロニアル住宅に、ギリシア神殿を模した玄関が付加されるのか？　ヨーロッパの地方の民家で、入口にだけ古典主義の柱梁の装飾がある。なぜか？　究極的に入口は、公と私の関係を調停するため、共同体が共有するかたちである。（NM）

### サント・マリー・マドレーヌ教会のナルテクス

# 聖なるかたちことば

フランス中部、ブルゴーニュ地方の丘陵地の町ヴェズレーに、中世教会堂の傑作として名高いサント・マリー・マドレーヌ教会がある。聖地サンチャゴ・デ・コンポステーラに向かう巡礼道のひとつの始点として位置づけられ、昔も今も多くの人がここを訪れる。

現在の建物は一一二〇〜五〇年頃に遡り、内陣は一二世紀末の建設とされる。廃墟となっていた一九世紀にはヴィオレ＝ル＝デュクによって大規模な修復がほどこされた。正面だけでも、左右は一二世紀ロマネスク、中央妻面は一三世紀ゴシック、そして入口周りは一九世紀の修復と、様々な時代が切貼りされている印象を受ける。しかし入口を入ると、その印象は一変し、一気に中世の信仰の世界が展開する。会堂の入口部に設けられた前室は、一般にナルテクスと称される。ナルテクスから身廊に至る扉は、聖なる空間の結界で、扉上部の半円状壁面《タンパン》は、象徴として特に重要とされた。ここのタンパンは、一一二五年頃に製作されたロマネスク彫刻の傑作として知られている。

人々は、教会堂に入る前に、まずナルテクスに集う。中央扉の前に立つと、眼前に物語が展開する。タンパンが石に刻まれた聖書のよう。文字の読めない人にも聖書の場面が生き生きと立ち上がり、信仰心が呼び起こされる。扉は日常から信仰の空間を区切る。加えてタンパンに刻まれた様々なシンボルは、人々に世界の認識を促し、信仰と理性をつないだ。ロマネスク教会堂では、教養を広く伝えるため、彫刻が発展し、タンパンにその痕跡を残した。多様な彫刻が、歴史や神秘の象徴として空間を満たす。建築そのものが、かたちことばで表現された聖書。後にヴィクトル・ユゴーは、中世の建造物を人類の思想が刻まれた書物にたとえた。

彫刻の意味は、イコノグラフィーの専門家により解釈されているが、一般の人々には正確に読めない。だが、当時の民衆が共有していた豊かな想像力と宗教的感情は強く伝わってくるだろう。教養とは関連薄そうな異形の怪物、異国の人々、日常生活の様子など、魅力あふれる不思議の群れから、自由に思いがあふれてくる。多様な世界、被造物が生き生きと想像される。

建設当時、関係する聖職者や職人たちにとって、聖なる教養を、具体的なかたちとして示すことは、神が世界を創造したことに相似し、強く共鳴していた。そのことに思いを馳せつつ、暗いナルテクスでタンパンに面する。職人らによって刻み出されたかたちは、今なお彼らの宗教的な熱を保ったまま、私たちの内面に強く聖性と創造を問いかけてくる。（NM）

サント・マリー・
マドレーヌ教会の
ナルテクス
Sainte Marie
Madeleine de Vézelay
1120～50頃
ヴェズレー、フランス

## ピレネー地方の建物の入口

# 建築家なしの入口

土着の建物は、かたちことばの宝庫である。一時、蔓延する近代建築に食傷ぎみとなった私たちに、バーナード・ルドフスキー『建築家なしの建築』は、自由な創造の養分を与えてくれた。見栄えより実用、高度な知性より生活の知恵である。どこの文化でも、その地方の民家には、共同体の共有する価値が、多様なヴァリエーションをもったかたちとして現れている。

モロッコではカスバの住居の入口の豊かな装飾に驚いた。台湾では暑さに対応した風通しよい格子扉に風土を見た。そしてここでは、フランス南西部、ピレネー地方の集落で見つけた多種の入口を挙げよう。フランスとスペインとの国境には、地中海から大西洋に至るまで、ピレネー山脈が横たわる。中世より国境をまたいでバスク、ナバラ、カタロニアなど独自の地方文化が発達し、また交流してきた。ある集落の建物のたかが入口、と言うなかれ。建設された時代、材料、装飾から、様々なことを読みとることができる。

1は放牧のための家畜小屋の入口。開口枠を構成する素朴な柱と楣《まぐさ》が、原始的かつ合理的な構法を物語る。持主の守護としてラテン十字が赤く示されている。2は廃墟となった住居の入口。楣に「ロザス」と呼ばれる花模様（太陽の象徴）が刻まれる。扉や楣に、持主と関係の深いシンボルがしばしば表され、地域により十字（キリスト教）、星形（天空）、ハート（愛、誠実）、樹木（繁栄）、菱形（生命）などが分布する。

ピレネー地方は、高質な大理石の産地としても有名である。よってスタッコの外壁にも、開口の枠の柱部分と楣部分には丁寧に加工された大理石が用いられた。枠上部は、水平楣もしくは緩やかなアーチが一般的で、3や6はその例。楣と二階窓との間に、石に刻まれた装飾がついている。3の長方形四隅に四分円を配した装飾は一八世紀後半（キーストーンに一七八二の標）、6の台形状の大理石枠装飾は一九世紀前半に特徴的とされる。4、5のように裕福な館やアパルトマン形式の住居では、より高い価値を示すため、大理石が多用され、古典主義的な装飾要素が展開する。その用いられ方は個性的で自由である。

7は、アステという小集落の教会。大都市の大聖堂の豪奢には遠く素朴である。しかし入口は特別に飾られた。興味深いのは、一六世紀「カゴ」と呼ばれた被差別民の専用の入口が設けられたこと。教会左部の入口がそれである。左右の入口の違いに、何を感じるか？

場所の記憶、共同体の歴史をつなぐ意識は、おのずとその土地の建物のかたちに、痕を遺す。（NM）

ピレネー地方の民家、
家畜小屋、教会
Portes dans la région
Pyrénées
16C～
ピレネー地方、フランス

1

2

3

4

5

6

7

## モーペルテュイ公園のピラミッド

# 再生の通過儀礼

ラスコー洞窟を見ても、洞窟崇拝が先史時代から存在したことは明らかだ。ダイダロスの迷宮、オルフェウスの冥府下りなど、神話にも洞窟は多出する。そこは文明の始まりの場所で、野蛮で混沌の姿をしている。

ルネサンス以降、西欧の建築における洞窟モティーフは、ローマのヴィラ・ジュリアに設けられ、以来「グロッタ」の名で、特に庭園の意匠として普及した。洞窟モティーフが、アーチや柱廊とともに建築要素として使用された例に、ルドゥによる王立製塩工場[*1]が知られるが、ここでは同時期の文脈を共有する事例として、アレクサンドル＝テオドール・ブロンニャールによるモーペルテュイ公園のピラミッドを取り上げる。

モーペルテュイの城館は、パリから西七〇キロほどの距離に位置する。城館周囲の自然の情景を生かした庭園を、ブレに学んだ新古典主義を代表する建築家ブロンニャールが手がけた。田舎風小屋、エリゼ宮などとともに、グロッタやピラミッドをデザインした。一七七五〜八二年のことである。庭園は道路によって南北ふたつに分断されている。建築家は、この高低差ある地形を生かし、道路の下に地下通路を設けることで庭園の南北をつないだ。廃墟ピラミッドはこの通路の出口をなし、他方の入口が自然のグロッタである。

入口

洞窟とピラミッドは、一体的に、あるシナリオのもとその導入部として設計されている。つまり入口の洞窟は荒々しく、恐怖や怒りなど粗野な感情を引き起こす。だがその内部の通路には、穿たれた穴から、啓蒙への予兆を孕んだ光が差し込む。光に向かって進む。出口は幾何学形態の建築物、すなわちピラミッドで、そこで人は、明るい世界に達する。感情は制御され、精神は高みに至る……。出口をなすピラミッドは、上部が崩れかけた廃墟風のつくりで、ピラネージやユベール・ロベールの描く古代廃墟につながっている。ピラミッドの中央にはアーチ状に開口が穿たれ、古代風オーダーの柱廊が設けられた。古典的な建築要素が、純粋な幾何学形態と直接的に結びつく。

始まりの自然の状態から、暗闇を通り抜けることで、光輝く宮殿に到達するという過程は、メイソンのイニシエーションで、物質（自然の石）から精神（加工された石）への昇華を意味している。入口には初源の混沌《グロッタ》が、出口には文明の再生《ピラミッド》が、そのかたちに含意されている。かたちの変化を伴いながら、導かれる先はエリゼ宮、すなわち英雄の魂の霊廟。選ばれた者だけが到達することのできる秘密の世界である。（NM）

モーペルテュイ公園の
ピラミッド
Pyramide de Mauperthuis,
Parc Mauperthuis
アレクサンドル-テオドール・
ブロンニャール
1780
モーペルテュイ、フランス
写真：Antoine Séguin

テラス・ハウス

# 街路と接し、離れる入口

イギリス中の町で一般的な都市住居のテラス・ハウスは、戸境壁のパーティウォールを共有して連なる長屋である。一六六六年のロンドン大火後、おもにレンガ造の不燃建築として普及した。その街路との関係がユニークで示唆に富む。街路から一段高い主階、そこに上がるストゥープという階段、ストゥープに合わせてとられたドライエリア、ストゥープの先の入口。基本的にこれら四つの要素で公的街路と私的住宅とが関係づけられる。それぞれが規模やかたちを変えることで、それぞれの街路に適応する。そして、手すりや地下に降りる階段、二階のバルコニーなど様々な副次的要素を生む。

欧米の都市建築は街路に接して建てられる。そこに住居を構えるとすれば、プライバシーの確保に必要な距離をいかにとるかが問題になる。テラス・ハウスの基本的平面形式は各階奥行方向に二室で、街路側と裏庭側に、地階はダイニングとキッチン、一階はフロントパーラーとバックパーラー、二階は父親の寝室と母親の寝室、三階は子どもたちの寝室、屋階は使用人室が配される。街路から家の中をのぞくと、高さが切り替わっていることでパーラーの天井しか見えない。そしてドライエリアによって窓に近づくこともできない。垂直方向、水平方向の距離をわずかずつ確保することで得られる、快適な私空間である。

前述の四要素は場所の状況に応じて、個々に、あるいは連係して変形される。街路から引きが大きいときにはドライエリアをやめてフロントヤードになり、逆の場合は歩道に地下の開口が突出する。また、大きめのドライエリアと階段を利用して地階を店舗やレストランにしたり、傾斜地ではそのギャップを逆手にとってさらにヴァリエーションを生む。鉄製のフェンスや手すりはその形や装飾、つくられ方によって、つくられた時代が刻印されている。そして入口にはポーチがついたり、ゲーブルや付柱で装飾されたり、少し奥に引っ込んだり、ストゥープを内包したりと多様である。さらに、アメリカではロウ・ハウスと呼ばれ、それぞれの都市で特徴ある形式に展開された。

古い都市では街区の背割り線に沿ってサービス用通路があり、表側に生活の猥雑な部分が表出しない構造になっている。かつてその通路には馬小屋《ミュー》が並んだことからミューズと呼ばれる。そうしてクリーンに保持された街路側のありようは、フェンス、ストゥープ、入口と徐々に私性を強める移行空間であり、街路との間の媒介空間である。（II）

ベッドフォード・スクエアの
テラス・ハウス
Terraced Houses
Bedford Square
1775-83
ロンドン、イギリス

### 埼玉県立博物館

# 中心に置かれた入口

埼玉県立博物館（現埼玉県立歴史と民俗の博物館）は、一九七一年に氷川神社に隣接する大宮公園の一角に開館する。設計は前川國男であり、彼の建築設計手法の特徴がこの建物に凝縮されている。

第一に、建物の分節である。建物はひとつの大きな塊ではなく、複数のヴォリュームに分節され、敷地に挿入される。分節されたヴォリューム群は整列ではなく、ずれを伴うように配置される。この操作によって建物は複雑な輪郭となり、周辺環境と多面的な関係を結ぶ。また、その配置は斜め方向の視線や雁行する動線を生み出す。ここではそれが既存樹木を避けながら建物を配置するという設計手法と融合し、建物と自然の親和的関係が生み出される。

第二に、開放と閉鎖、水平と垂直の対比的共存である。博物館は周囲に対して閉鎖的にならざるを得ない。それに対してふたつのスケール段階で開放的空間を挿入することで、閉鎖感を中和する。まずは複数に分節された建物ヴォリュームのひとつにエントランスホールを割り当て、それを透明な箱とする。また、展示室各所にブラウジング・スペースを分散配置し、開放的な窓を設える。開放と閉鎖の対比はさらに水平と垂直の対比へと展開される。開放的空間では水平なスラブや庇、閉鎖的空間では壁が優勢となる。その対比は素材の選択にも反映される。エントランスホールでは梁の反復が特徴的なコンクリート打放しのスラブが空間の水平性を強調する。一方、閉鎖的な展示室は前川の代名詞である打込みタイルの壁で包まれる。

第三の特徴は入口である。前川の建築では入口が敷地中央付近に置かれることが多い。それは敷地に足を踏み入れてから入口に到達するまでの距離が長いことを意味する。このアプローチ空間の演出が前川建築の特徴であり、それは前記のふたつの特徴と連動する。

ここでは既存樹木を避けるように雁行する空間がそのままアプローチとなり、その周囲を打込みタイルの壁が囲む。同種のタイルが床舗装にも用いられ、タイルと空に囲まれた空間が人々を入口へと誘う。雁行するアプローチ空間の流れはそのままエントランスホールに進入し、突き抜け、背後の緑地へつながる。

開放的なエントランスホールの背後に緑の空間を配置する手法もまた前川の十八番である。中心に入口を置く手法は彼の師であるル・コルビュジエの西洋美術館を想起させる。しかし、アプローチ空間の演出と自然との親和性という二点において、前川は師とは異なる入口のあり方を見せてくれる。（ＫＩ）

埼玉県立博物館
（埼玉県立歴史と民俗の
博物館）
前川國男
１９７１
さいたま市大宮区

ルーヴル・ピラミッド

# 象徴性と実用性

たとえば法隆寺の伽藍の中心に、ガラスのドームが建設されるとしたら……、それは全く想像しがたい。ところが、パリ中心の歴史的建造物である旧ルーヴル宮——そこは現在、世界最大の美術館となっている——の中庭には、ガラスのピラミッドが設けられた。一九八九年のことである。西欧の文化遺産建造物は、長期にわたって増改築を重ねたものが多く、ルーヴル美術館も然り。どの時代の改築事業も、歴史的視点で見れば、建物の生きる長い時間のうちに定位され回収される。

ルーヴル宮は、発端は都市城壁の砦として築かれた一二世紀末に遡り、以降繰り返し増改築を経てきた。一七世紀初頭には西にあったチュイルリー宮殿と接続され、一八世紀には東正面が整備される。王宮が美術館になったのは一七九三年である。一九世紀オースマンによる都市改造のもとリヴォリ通り側の増築整備を経て、二〇世紀末に、ミッテラン大統領によるパリ大改造計画の一環として大改修が行われた。

八〇〇年にわたる増改築や機能変更の結果、美術館は当然複雑なものとなるけれど、入口については至極単純明快に示されている。中庭に設けられたガラスのピラミッドの下がエントランスホールで、様々な展示室へは、ここを起点としてつながる構成となっている。この石造の歴史的建造物の核に、ガラスの幾何学形態を付加するという計画は、中国系アメリカ人建築家イオ・ミン・ペイのデザインによる。入口は誰からもわかるよう、ガラスのピラミッドで示された。

正四角錐という抽象的な幾何学形態は、同時にピラミッドという歴史的なモニュメントと離れがたく結びついている。したがって、そのかたちには様々な意味が付随することになる。そもそも、古代エジプトのピラミッドは何の建物だったのか？　王墓、祭礼施設、それとも観測所？　いずれにせよその内には夥しい宝物が収納されていた。同じく、フランスの現代のガラスのピラミッドの下には、世界中の美術品がコレクションされている。もちろんエジプトの宝物も。

石の暗い重さに対しガラスの透明な軽さ（重さと軽さ、暗さと明るさ）。閉ざされた宝物庫に対し開かれた美術館（閉と開）。伝統的古典主義に対し装飾のない四角錐（複雑さと単純さ）……。ルーヴル・ピラミッドには対照的な意味が同居する。ここに多様な含意を読み解くのは興味深い（ダン・ブラウン『ダ・ヴィンチ・コード』もひとつの解釈）。歴史建造物に収められた現代の美術館へ、象徴性と実用性を兼ねた入口から、われわれは地下に降り、中に入っていく。（NM）

ルーヴル・ピラミッド
Louvre Pyramid, Musée du Louvre
イオ・ミン・ペイ
1989
パリ、フランス

## 東京国立博物館法隆寺宝物館

# 門型と結界

一九九九年、東京上野の国立博物館敷地の一角に法隆寺宝物館が完成する。設計は谷口吉生が担当する。国立博物館の敷地に足を踏み入れ、左手に進むと薄く張られた水面の向こうに大きな門型の建物が建つ。門型と縦格子のガラス面で構成された端正なファサードは、その全体が入口の役割を果たし、人々を招く。同時にその門型の内側、縦格子のガラス面の背後には、大きく強固な壁面が立つ。それは訪れる人々を拒んでいるかのようにも見える。

壁は日常の空間から博物館という非日常の空間への結界を形成する。その存在によって人々は入口において無意識に心の準備を強いられる。法隆寺宝物館ファサードの構成は、招くことと拒むことという入口の備える両義的で本質的な役割を率直に表現する。建物前面の水面もこの両義性を補完する。水の存在が結界の役割を果たし、その中に伸びる通路が人々を招き導く。

このような入口のありようは、谷口の設計する建物に共通に観察することができる。丸亀市猪熊弦一郎現代美術館は法隆寺宝物館同様の構成をとる。土門拳記念館では結界としての壁面が設定され、そこに門型の開口が開けられる。豊田市美術館では門型が連続的に連なり、結界と開口が一体化される。葛西臨海水族館展望施設では建物それ自体が海に対する結界のかたちをとりつつ、同時に門型の開口、透明なガラス面、その中を漂う人々のシルエットが招くかたちをとる。谷口の建築作品の中で造形的に特異である葛西臨海水族館の入口もその変異種と読むことができる。海面の延長として設定された水面が結界を形成し、中央に置かれたガラスドームが門型の代替物の役割を果たし、水面下の世界へと人々を誘う。

法隆寺宝物館の入口は、立ち止まる場所として設えられる。訪れた人々は足早に展示室へと向かうのではなく、そこで足を止め、しばし佇み、縦格子と水面によって視覚的に整えられた屋外の風景に目を向ける。入口は単に通過するだけの境界ではない。人は入口で足を止め、振り返り、留保する。そのような入口の本質が空間として設えられる。

ここでも水面が重要な役割を果たす。日常の見慣れた風景は水面に反射することで非日常の景色へと変換される。水面に映る青空に気づき、実際の青空を見上げるといった何気ない行為が入口において促され、それから人は建物の中に歩を進める。（ＫＩ）

東京国立博物館
法隆寺宝物館
谷口吉生
1999
東京都台東区

## 金沢二一世紀美術館

# 入口に包まれた美術館

金沢二一世紀美術館は、妹島和世と西沢立衛の設計により二〇〇四年に開館する。敷地は兼六園の斜め向かい、市の中心部に位置する。建物規模は地上一階、地下一階であり、地階に市民ギャラリー、ホール、駐車場、収蔵庫等が収容される。地上階は全面ガラス張りの円形平面である。公園のような美術館というコンセプトのもと、建物は敷地中央に置かれ、周囲はすべて芝生広場となる。辰巳用水が流れる南面以外、敷地へはあらゆる方向からアクセス可能である。

美術館入口も東西南北に四箇所設けられ、自由に出入りできる。外周部がすべて無料エリアのため、美術館に用のない人もその中を通り抜けたり、散歩の途中に立ち寄ったりすることができる。有料展示エリアは中央に設けられる。大きさの異なる展示室群や光庭が街並みのように独立して置かれ、その間を路地状の通路がつなぐ。大きな円の中に小さな複数の部屋が並ぶ入れ子構成である。高さと大きさの異なる展示室群は円形のフラットな屋根から突出し、外観を特徴づける。

芝生広場、無料エリア、有料エリアが同心円状に配置され、相互の境界は透過性のあるガラスで仕切られる。すべての空間が視覚的につながり、芝生広場で遊ぶ子どもたち、無料エリアでベンチに座る人、展示エリアで作品を鑑賞する人が渾然一体となった自由で開かれた雰囲気が漂う。通常の美術館は、敷地、エントランス、無料エリア、有料エリアと進むにつれて空間の透明度が減衰する。有料エリアは厳格に区画され、チケットを購入した人以外は中の様子をうかがい知ることができない。開放的に見えるエントランスは本体の付加物であり、それ以外は閉鎖的な箱が敷地周辺との関係を拒絶しているように見える。金沢二一世紀美術館では建物を包む全方位型の入口の採用によって、従来の美術館の空間配列を根本的に覆すことに成功する。

さらにこの美術館が提起する問題は、美術館という制度そのものへと及ぶ。絵画や彫刻は本来、教会や都市広場に置かれ、人々の日常生活の一部であった。美術館という制度の登場は美術品を場所や日常から切り離し、展示室という閉鎖された箱の中に囲い込む。この美術館も本質的にはその制度的枠組みを脱するには至っていない。しかし、建物に挿入されたインスタレーションや芝生広場に置かれたコミッション・ワークの多くが無料で開放されていることも含め、この美術館のあり方は、日常の中で、この場所で、人々がアートに触れあうことの意味をわれわれに問いかける。美術館を包む入口がそれを象徴している。（ＫＩ）

金沢二一世紀美術館
妹島和世+西沢立衛
（SANAA）
2004
石川県金沢市

## 七節　入口

★（ ）内は原著の刊行年

＊1　クリストファー・アレグザンダー、平田翰那訳『パタン・ランゲージ─環境設計の手引』鹿島出版会、１９８４(１９７７)、p.286

＊2　Alvar Aalto,《From doorstep to living room》, in “Alvar Aalto in his own words”, Rizzoli, 1998, p.50

### 聖なるかたちことば　サント・マリー・マドレーヌ教会のナルテクス

文献1　エルヴィン・パノフスキー、木田元監訳『象徴形式としての遠近法』ちくま学芸文庫、２００９(１９２７)

文献2　エミール・マール、田中仁彦訳『ロマネスクの図像学〈上下〉』国書刊行会、１９９６(１９２２)

### 建築家なしの入口　ピレネー地方の建物の入口

文献1　バーナード・ルドフスキー、渡辺武信訳『建築家なしの建築』鹿島出版会、１９８４(１９６４)

文献2　Martine CAZABOMME,“De porte en porte dans le val d’Azun”, Monhélios, 2015.　同著者“De porte en porte dans le pays Toy”, Monhélios, 2021

### 再生の通過儀礼　モーペルテュイ公園のピラミッド

文献1　Hervé Brunon, Monique Mosser, “L’imaginaire des grottes dans les jardins européens”, Éditions Hazan, 2014

文献2　三宅理一『エピキュリアンたちの首都』學藝書林、１９８９

＊1　本書 pp.34-35 参照。

参照　https://www.mairie-mauperthuis.fr/votre-commune/histoire/（2022.01閲覧）

### 街路と接し、離れる入口　テラス・ハウス

文献1　香山壽夫『都市を造る住居　イギリス、アメリカのタウンハウス』丸善、１９９０

文献2　Stephan Muthesius, “The English Terraced House”, Yale University Press, 1982

文献3　Charles Lockwood, “Bricks and Brownstone: The New York Row House 1783-1929”, Rizzoli, 1972

### 中心に置かれた入口　埼玉県立博物館

文献1　『建築家 前川國男の仕事 THE WORK OF KUNIO MAYEKAWA』美術出版社、２００６

文献2　『ＪＡ　１１７　前川國男』新建築社、２０２０

文献3　「生誕１００年 前川國男建築展」前川國男建築展実行委員会、２００５・１２

文献4　「前川國男の遺した空間」『ＳＤ』１９９２・４、鹿島出版会


## 象徴性と実用性　**ルーヴル・ピラミッド**


文献1　ダン・ブラウン、越前敏弥訳『ダ・ヴィンチ・コード』角川書店、２００４（２００３）

文献2　ジャン・クロード・ル・ギユー、飯田喜四郎他訳『ルーヴル　パリを彩った８００年の歴史』西村書店、１９９２(１９９０)

文献3　Guillaume Fonkenell, “Le Louvre: Le palais à travers les siècle”, Louvre éditions, 2018


## 門型と結界　**東京国立博物館法隆寺宝物館**


文献1　谷口吉生他『谷口吉生の建築 Yoshio Taniguchi Architect』淡交社、２０２０・１２

文献2　テレンス・ライリー他『谷口吉生のミュージアム』デルファイ研究所、２００５・４

文献3　『新建築』２００１年５月号、新建築社


## 入口に包まれた美術館　**金沢二十一世紀美術館**


文献1　『新建築』２００４年11月号、新建築社

文献2　長谷川祐子他『妹島和世+西沢立衛／ＳＡＮＡＡ金沢二十一世紀美術館』ＴＯＴＯ出版、２００５

文献3　『ＧＡアーキテクト18　妹島和世+西沢立衛』エーディーエー・エディタ・トーキョー、２００５

文献4　妹島和世、西沢立衛『KAZUYO SEJIMA RYUE NISHIZAWA SANAA 1987-2005 Vol.1/2005-2015』ＴＯＴＯ出版、2021.12

第一章　要素

八節

# 階段

階段は、人が移動することを前提としてつくられる。上下の運動が意図されており、その形状は空間を斜めに走る。垂直の柱と水平の床で構成された空間に対し、階段は異議を申し立て、水平垂直に挑戦し、その日常性を揺るがす。

床の高さの違いに応じて垂直方向の移動を可能とする実用性から、階段はどの時代にも世界中に見られた。たとえば、山中の寺社や底深い井戸へのアプローチ、階段状ピラミッド、古代ローマの記念柱など。使用上建設上の必要性に加えて、別世界への移動を象徴する階段が設けられている。一方西欧ではルネサンス期以降、階段は建築デザイン上重要な構成要素として捉えられ、意識的に用いられるようになった。階段は複数の空間をつなぐものとして計画上重要な位置にあり、その配置と形状が盛んに議論される。ミケランジェロによるラウレンツィアーナ図書館前室の階段も、パッラーディオ『建築四書』内「階段」の項もその現れであろう。都市広場に設けられた事例としては、ローマのスペイン階段が好例。階段は、上下を行き来するための「動」の装置であると同時に、とどまる、眺める、集うという「静」の行為を誘発している。

異物としての階段は、上下移動という機能だけでなく、変化や対立を空間にもち込む。そこから希望または不安といった心理的な印象が誘起されるだろう。階段は変化を象徴し、変化に対する期待と希望の正性と、不安や恐怖という負性をともに孕む。それゆえ階段は、喜劇悲劇を問わず何かが起こる場所、すなわち演劇的な舞台装置として計画され、表象される。対立を併呑する空間には、しばしば象徴性が付された。

人は安住を願う。外部の脅威からのがれ、心地よい空間に安らいでいたい。かたや心躍る驚きや出来事に惹かれ、変化を求める欲念からのがれ得ない。階段は、移動と変化をもたらす要素である。静的な美の追求と、動的な変化の希求、その共存——静かな平和の中に、希望や不安といった変化をもたらす異物を、いかに空間的に和解させるかが問題となる。（NM）

## サン・パトリツィオの井戸

# 二重螺旋の階段

オルヴィエートは崖の上に築かれた都市である。街は隆起した凝灰岩による自然の城壁に囲まれ、中世の面影が残る街並みも凝灰岩でつくられる。街はその高度ゆえに川がなく、水を確保するために地下洞窟が掘られ、内部に水を汲むための井戸がつくられる。地下洞窟は紀元前のエトルリア時代から存在し、中世にはそこにオリーブオイルの製造所や鳩の飼育小屋など、各種作業場が設けられる。一五二七年、神聖ローマ帝国によるローマ掠奪をのがれてこの地に来た教皇クレメンス七世によって水の確保を目的とする井戸の建設が命じられる。アントニオ・ダ・サンガッロの設計のもと、井戸は一五三七年に完成する。

井戸の規模は直径一三メートル、深さ六二メートルである。二四八段の階段を下りて水面まで到達し、水を汲んで再び上る。特筆すべきは井戸の周囲に巻き付く二重螺旋階段である。この建築的仕掛けによって、水の運搬に際して人やラバは下りと上りで別の経路を通ることができる。立体的な一方通行路が形成され、水の運搬が妨げられることがない。井戸の底に橋が架けられ、ふたつの階段をつなぐ。地上には円筒形のヴォリュームが突出し、両側に入口と出口の扉が設けられる。井戸の吹抜けと階段を仕切る界壁はレンガでつくられ、そこに採光のためのアーチ窓が七二箇所設けられる。螺旋運動に伴って光の減衰と増幅をゆっくりと体感できる。同時に井戸の周りを螺旋移動する他者の様子がアーチ窓越しに視界に入る。最下部に到達して橋の中央に立って見上げると、円筒空間に現象する幻想的な光景に出会う。そして、再び螺旋運動の流れに沿って、地上へと戻る。

平面上の円運動はもとの位置に戻る回帰運動である。これに高さ移動を加えると回帰性がキャンセルされた一方向の螺旋運動となる。ふたつの螺旋運動を組み合わせ、その頂部あるいは底部を接続すると、回帰性が復活し、立体移動を伴いつつ、もとの場所に戻る経路ができる。このように二重螺旋階段は立体移動と回帰性を同時に備えた優れた建築装置であり、レオナルド・ダ・ヴィンチを筆頭に歴史上、多くの人間を魅了する。

しかし、実際の適用例を見ると、その特性が日常生活に自然に組み込まれている事例は少ない。たとえば、会津若松の飯盛山に建つ栄螺堂は三十三観音参りという非日常的な行為を目的とした特殊解である。その意味で、サン・パトリツィオの井戸の日常性は際立っている。水を汲むという日常の行為に二重螺旋階段が違和感なく適用され、崖の上の街を潤している。（ＫＩ）

サン・パトリツィオの井戸
Pozzo di San Patrizio
アントニオ・ダ・サンガッロ
1537
オルヴィエート、イタリア

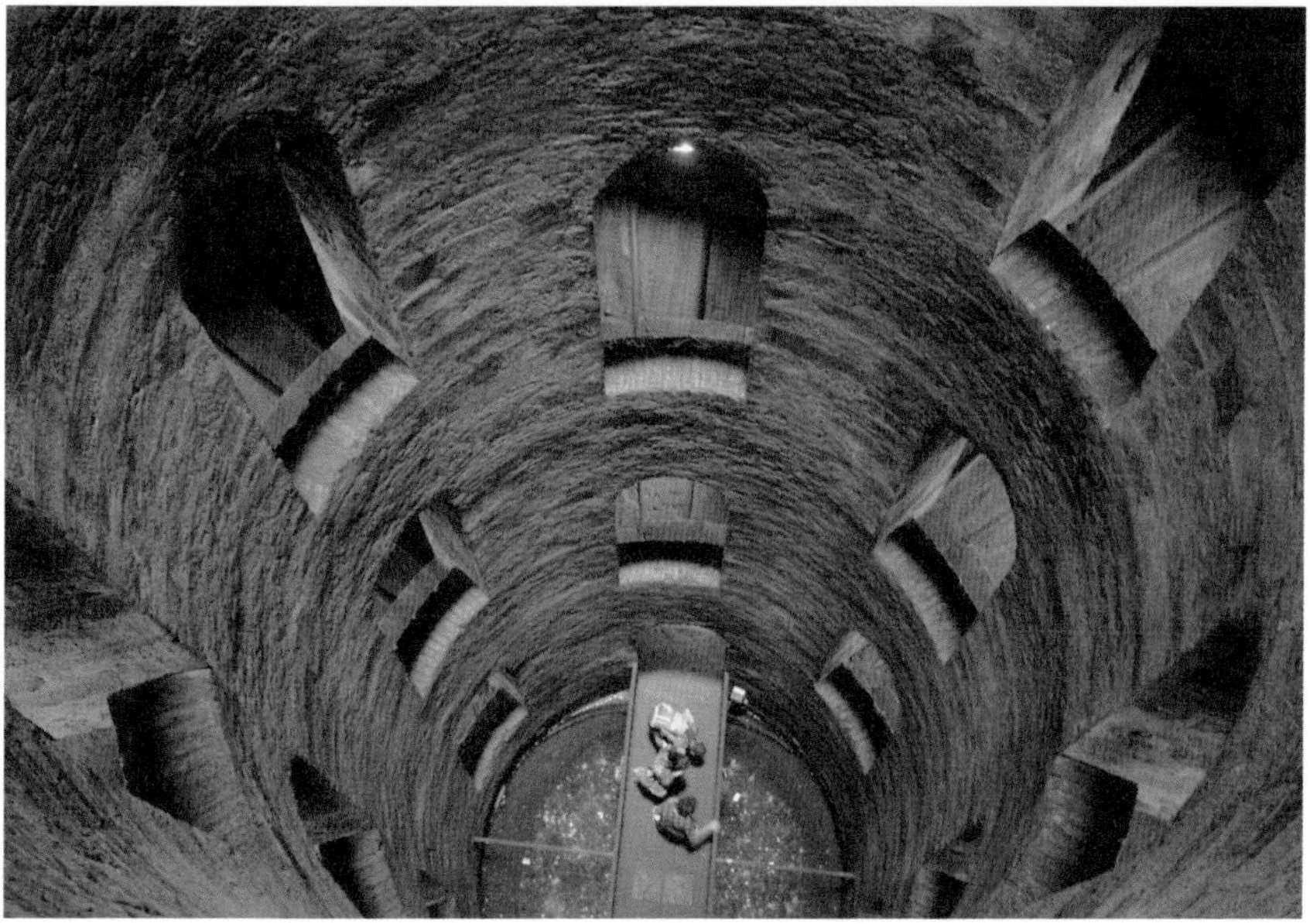

## ラウレンツィアーナ図書館前室

# 反転と対立のかたちことば

階段は時に空間に異質な流動をもち込む。その例に、ミケランジェロ・ブオナローティによるラウレンツィアーナ図書館前室の階段がある。教皇クレモン七世の依頼によって図書館の設計が開始されたのは一五二四年。しかし開館したのはミケランジェロの死後一五七一年である。断続的に長く続いた建設の間、特に階段計画の変遷から、天才も大いに悩んだ様子がうかがえる。

図書館の閲覧室は、幅約一〇メートル、奥行約四四メートルの細長い空間である。一方、閲覧室へのアクセスのために設けられた前室「リチェット」は、一辺約一〇メートルの正方形平面に天井高が約一五メートルと、極端に高さが強調された空間となっている。この図書館自体、教会に隣接することからも格の高い世俗建物であったといえるが、世俗の施設において、特別に設けられた前室と巨大な独立階段は、それ以前には例を見ないものであった。

リチェットの内部は暗い。そのうえ、閲覧室の床レベルに合わせて、壁面に高さ三メートルの台座が巡るため、中の人は地下にいるような感覚になる。空間に対して大きすぎる階段は、彫刻のように壁から離れて独立している。その形態は楕円と直線が組み合わされた特徴的なもので、「カスケード」や「溶岩の流れ」——閲覧室の扉から流れ出たひと筋の階段は、途中三つに分岐し、末広がりに床に達する——にたとえられる。不調和に大きな階段は、静かな井戸の底に水が流れ込むような不穏さを有し、安定的な表現は崩される。四周の壁の一部は凸状に前に出され、逆に双柱が凹状に埋め込まれる。柱と梁による構造表現を、通常とは反対に壁から凹ませて示すという反転が試みられた。

先立つルネサンスの建築家が表現を追求したのは、宇宙の調和であり数学的比例の均衡であった。しかしここにはその均衡を破って、自由に流れ出す運動がある。なぜ天才建築家は、このリチェットと階段に、複雑な形態の対立と不調和を意図的に埋め込んだのか？

この階段は、貴重な図書すなわち知の伝播を象徴する要素であった。図書館全体の構想は、次のようなもの。すなわち、地下の（ような）狭く底深い場所は、巨大な階段を通じて、静かで明るい閲覧室へとつながり、さらにその奥に三角形平面の迷宮のような稀覯本室（実現せず）に至る計画である。この連続的な流動性が、階段の水流を想わせる形態に彫琢された。ミケランジェロが示した、幾何学形とうねるかたちの拮抗には、伝統的な社会におしよせる新たな価値（知性）の激流という意図を読みとることができる。（NM）

ラウレンツィアーナ図書館前室
La Biblioteca Medicea Laurenziana
ミケランジェロ・ブオナローティ
1524〜71
フィレンツェ、イタリア

## スペイン階段
# 街の立体広場

ローマには七つの丘があるとされ、これらの丘がローマ市街の領域形成の下図となった。それぞれの丘とテヴェレ川岸の平地部との境界には、坂道や階段が設けられる。丘の上からは、市街の眺望が広がる。都市空間に現れる階段は、大地の起伏にへばりつき、人々の生活を連続させ、社会活動を可視化させる。

ローマ市街地の北東に位置するピンチョの丘、その端部に観光名所として著名なスペイン階段(正式にはトリニタ・デイ・モンティ階段)がある。設計はローマの建築家フランチェスコ・デ・サンクティス。一七二五年に完成した。階段を含む広場はスペイン広場と呼ばれ、上部はトリニタ・デイ・モンティ教会が面し、下部の広場はコンドッティ通りにつながっている。

コンドッティ通りから広場に入ると、階段上に教会のファサードが迫る。広く流布した観光写真で馴染みある光景であろう。西側から東へと上る大規模な階段は、上空から見ると、うねる曲線で構成されたほぼ左右対称の広口壺のような複雑なかたちを呈している。東側最上部、円弧状に突き出た広場の端部に沿ってふたつの階段が設けられている。両階段の踊り場でひとつにまとまり、中間レベルの踊り場広場につながる。さらに分かれ集まり下の広場にいたる。起伏を刻んだ立体広場は、広狭を変えつつ周りの都市に触手を伸ばしているような……。

つまりここは、階段それ単体だけでなく、周囲の都市空間と強く関連づけられた造形がなされている。街路のパースペクティブ効果、その先のモニュメント、広場と一体として構想された階段や建物。これらは一七、一八世紀ローマの、空間全体に舞台のような記念碑性をもたせた都市整備の特徴で、スペイン階段やトレヴィの泉などが、同時期の好例に挙げられる。

階段が整備された当時の広場の様子は、ピラネージによる版画がこれを伝えている。一八〇二年、トリニタ・デイ・モンティ教会北側のヴィッラ・メディチに、フランス・アカデミーが移ってきた。奨学金を得たフランスの若い芸術家たちが次々と集まる。野心にあふれた若者は、当代の都市生活の中で、古代ローマやルネサンスを体験するという貴重な場所となった。

現代では、オードリー・ヘップバーン主演の映画「ローマの休日」がここをさらに有名にした。演劇性をもって整備された都市空間が、まさに映画で出会いの舞台となる。花屋の屋台が出る。ジェラートを食べる。人と会う。眺望を楽しむ……。多様な活動、豊かな関係を誘起させるかたちにあふれている。(NM)

スペイン階段
Scalinata di Trinità dei
Monti (Spanish Steps)
フランチェスコ・デ・
サンクティス
1725
ローマ、イタリア

## サマセットハウス
# あやしげな階段

ロンドン、ウォータールー橋のたもと、テムズ川に面して古典主義の長大なファサードを広げるサマセットハウスは、一七七六年にウィリアム・チェンバースによってデザインされた。チェンバースは、一八世紀後半のイギリスで最も影響力のあった建築家である。ロイヤル・アカデミーの創設にも関わり、イギリスの建築教育や建築家職能の確立にも大きな足跡を残した。彼は、国際的感覚を身につけた建築家で、パリにあるジャック＝フランソワ・ブロンデルの名高い美術学校で学び、フランスの若き建築家たちと友好を深め、またローマにも長期にわたって滞在した。フランス建築の流行も、イタリアのパッラーディオやピラネージの影響もいち早く吸収し、イギリスでそれを実現させた。

ここで言及するのは、サマセットハウスの南ウイングにある、巨大な建物にしてはささやかな規模の階段である。海軍が入居していた建物であったことから海軍階段、後にネルソン階段と呼ばれるようになった。小規模ながら一八世紀末の静穏な端正さと不穏な緊張を併せもったその特異な形態で、よく知られている。

階段室は楕円形平面をもつ。その両サイドの曲面壁に沿って上がる左右の階段は、上部の踊り場でひとつにまとまり、そこからは楕円を横切るように直階段が斜めに走り上階へと至る。直階段を上がったところで、左右に分かれその一方は曲面の壁から張り出した廊下——それは外壁風に仕上げられた壁面に付されたバルコニーのよう——に、もう一方は螺旋状にさらに巻き上がっていく階段につながる。最上部にはドーム状のトップライトが設けられていて、眩い光が、下部にあやしい複雑な影を落とす。下階のシンメトリーに対し、上階の非対称性、曲線に巻き上がる階段と吹抜けを横切る直階段……様々な対比は、すなわち、ドームと壁面の古典的な操作によって生み出される節度ある枠組みの中に、階段のダイナミックな運動と陰影の劇的な効果が組み込まれていることに呼応している。自らが規定し完結させた空間に対し、同時にそれを破壊し、情緒的ともいえる明暗の演劇性をもち込んだ。

この階段のみならず、彼の空間デザインには、イタリアで感化されたピラネージの影響を指摘することができる。サマセットハウスの、中庭に至るアクセス通路のコラムとアーチの印象的な組み合せは、古典の要素をもとに、自由さと情緒を感じさせるデザインとして名高い。ピラネージの想像力に萌芽し、後にロマンティシズムにつながる抒情性を、古典的節度の中に共存させた優れた建築空間である。（NM）

サマセットハウス
Nelson Stair in
Somerset House
ウィリアム・チェンバース
1776
ロンドン、イギリス

## ボルドーの劇場

# ギリシア風内部空間

劇場の、入口からホールの間に設けられた観客用ロビーをホワイエと呼ぶ。例に、シャルル・ガルニエ設計によるパリのオペラ座の豪華絢爛なホワイエとその大階段はよく知られていよう。このホワイエのモデルとされているのが、一七八〇年に建設されたボルドーの劇場である。一八世紀から一九世紀にかけ、フランスでは数多くの公共劇場が建設された。それ以前の宮廷内に設けられていた劇場と異なり、市民のための劇場は、都市のモニュメントとして建設され、内部に人々が集うホワイエが独立して設けられるようになる。こうした公共劇場の傑作がヴィクトル・ルイによるボルドーの劇場である。

劇場の入口付近のロビーは暗く天井が低い。対比的にその奥には、天井ドームから吹抜けを通して光が降り注ぐホワイエが続く。T字状の階段を正面から上がると、二体のカリアティードで飾られた象徴的な扉のある踊り場が設けられていて、ここから客席一層目にアクセスする。左右に分かれて続く階段は、上階側面のイオニア式オーダーで支えられたギャラリーにつながる。上階からは吹抜けを通じて地上階を見下ろし、また階段を上がる人々を眺めることができる。

元来劇場は、演劇やオペラを見る場所であるのみならず、人と交流し、自らを他人にディスプレイする場所でもあった。一八世紀以前の宮廷内劇場は、馬蹄形客席のホール自体、階級が可視化された空間で、人々の「見る―見られる」場所であった。一方、フランスの公共劇場では、自由と平等を求める多くの市民が集まり、市民の交流する場所として、ホワイエが整備される。吹抜けのあるホワイエに、人々の行き交う大階段というセットは、こうした背景から生み出された。

観劇に訪れた人々は、自らが舞台に立っているかのごとく、演劇という非日常の時空間へと移動する。その過程において、ホワイエはモニュメンタルな舞台装置となり、光や階段は観客が入口からホールに至るまでの移行を演出する。

フランス啓蒙期、ギリシアの美が高く評価され、当時の建築家の間でギリシア風の意匠が流行した。一九世紀後半のネオバロックと評されるパリ・オペラ座のホワイエと、一八世紀ボルドーの劇場のそれを比較するのも興味深い。ギリシア神殿にはドームも大階段もないが、もしあったとしたら、このホワイエのような空間だったのではないかと夢想する。一八世紀末の建築家が探し求めた古代の単純さ、ギリシアに遡る高貴さを、このホワイエに見出すことができる。（NM）

ボルドーの劇場
Opéra National Bordeaux
(Grand-Théâtre de
Bordeaux)
ヴィクトル・ルイ
1780
ボルドー、フランス
写真：Sophie Descat

## ファーネス・ビル

# 精緻なビッグ・フライト

フランク・ファーネスは一八三九年にフィラデルフィアに生まれ、育ち、活動した。同時期にボストンで活躍し、全国的な名声を得たヘンリー・H・リチャードソン[*1]がエコール・デ・ボザール出身の正統派であるのに対して、ファーネスのデザインは破調が際立っている。リチャード・M・ハントのもとで修行しており、リチャードソンと同じようにボザールをバックグラウンドにもつと言ってよいが、ミケランジェロを思わせるような独特な造形感覚を示している。没後半世紀ほど忘れられた存在であったが、ロバート・ヴェンチューリが『建築の多様性と対立性』[*2]で幾度も取り上げ、再評価されている。

ファーネス・ビルはペンシルヴェニア大学図書館である。[*3]燃えるような赤砂岩と赤レンガとテラコッタの外観は、波打つ胸壁やガーゴイルなど独特の要素からなり、説明の難しいかたちをしている。しかし読書室と書架を分けて配置し、書架部分は増築可能にするなど、その平面計画はきわめて合理的である。そして、吹抜けのメインの読書室と半円形のロトンダ読書室は、天窓と高窓から入る光に満ちた心地よい空間である。天井を低く抑えられた壁際のキャレルとの対比がそこでの行為と対応している。

ベンジャミン・フランクリンの銅像の立つキャンパス・グリーンに面する正面ポーチから入ると、階段室いっぱいの巨大な階段に出くわす。まさにラウレンツィアーナ[*4]のミケランジェロのようである。しかしここでは階段で主階に上がるわけではない。階段室自体がタワーになっていて、階高の異なる各フロアにアクセスする。それにしてもエントランス空間を圧倒する存在感がある。

階段の起点にある両サイドの親柱に、ブロンズとガラスでできた照明が載っている。金融や商業を基盤とするニューヨークやボストンと違って、フィラデルフィアは工業や技術に立脚している。そのことが、機械をモティーフにしたファーネスのデザインに影響しているという指摘がある。[*5]精密加工でできたその金属のオブジェは、しかし、渦巻やオオムガイの伝統的モティーフを用いている。伝統と技術の双方に根ざし、両義的である。階段は幅と位置を変えながら最上階まで続いている。手すりのパターンはフラットバーを叩いて加工したロートアイアンで、ひとつひとつ手仕事でありながら見事な精度を示している。全体の重厚なデザインに比して、そのレースのようなスクリーンは白く、軽やかで、浮遊している。（II）

ファーネス・ビル、Furness Building
フランク・ファーネス、1890、ペンシルヴェニア州フィラデルフィア、アメリカ

## ヴィクトル・オルタ自邸とスタジオ

# 統合する階段

一九世紀末から二〇世紀初頭、ナンシー、パリ、プラハ、ブリュッセルを中心にアール・ヌーヴォーと呼ばれる、文字どおり新しい芸術の形式が生まれる。産業革命以降の近代社会の担い手である資本家や経営者といった新興のパトロンのもと、それは生活に密着した装飾、工芸、建築の分野において特に発展を遂げる。アーツ・アンド・クラフツ運動と共鳴し、植物や動物文様をモティーフとする軽快かつ退廃的な雰囲気をも漂わせるその造形は、ユーゲント・シュティール、モデルニスモ、ゼツェッションなど、名称を変えながらヨーロッパに蔓延する。

一八九五年、ブリュッセルにおいてアール・ヌーヴォー建築の嚆矢であるタッセル邸が完成する。設計者はヴィクトル・オルタである。彼は続いて、エートヴェルト邸、ソルヴェイ邸、自邸とスタジオと、アール・ヌーヴォー建築の名作を次々と生み出す。

自邸とスタジオは一九〇一年に完成する。敷地は高低差があり、背面が前面道路より半階分高い。住宅はそれに合わせるように、通り側と背面の庭園側で半階ずれたスキップフロアの構成をとる。前後のスキップフロアおよび隣接するスタジオは正方形の螺旋階段で巧みに結びつけられる。玄関から順に、食堂前室、音楽室、スタジオ、待合室、主寝室、サロン、娘の寝室、客室と、各室が階段によって立体的に縫い合わされる。

階段は一階から二階は白大理石、それ以降は木製に絨毯敷であり、中央に正方形の吹抜けがある。階段の幅は上階ほど狭くなり、中央の吹抜けは逆に徐々に大きくなる。階段上部のガラス屋根から自然光が導入され、その下に設けられた湾曲したガラス天井が階段室全体を光で満たす。

一見、繊細に見えるこの階段室は多様な要素群をひとつにまとめる強い統合力を備える。木製の手すり、金属製の手すり子、照明の配管は光を求めて伸びる植物のように自由に絡み、階段が刻むリズムのうえに優美なメロディを奏でる。壁の色彩、装飾文様、ガラス天井のフレーム、装飾ガラスもその動きに呼応して躍動し、平面と立体、機能材と装飾の境界が消し去られる。これら多様な要素の絡み合いは頂部壁面に向かい合わせに貼られた鏡によって無限に増幅される。

オルタ邸の階段室は多種多様な要素が過剰なまでに織り交ぜられ、融解され、統合された濃密な空間である。オルタはそれを優美で繊細で軽快な造形美へと昇華させる。その繊細かつ濃厚な空間の味わいはまるで上質なスープのようである。（ＫＩ）

ヴィクトル・オルタ自邸とスタジオ
Maison and Atelier Horta (Horta Museum)
ヴィクトル・オルタ
1901
ブリュッセル、ベルギー

## 梨花女子大学校キャンパス・コンプレックス

# タウンとガウンをつなぐ大階段

梨花女子大学校は各種学問分野を網羅する総合大学であり、約二万人の学生が学ぶ。二〇〇八年、キャンパスとソウルの街の境界エリアの再開発の一環として、ドミニク・ペロー設計による梨花キャンパス・コンプレックスが完成する。

建物は地下化され、緑化された屋上が三階分の高低差のある南北の敷地を自然地形のごとく緩やかにつなぐ。建物南端は地下六階から地下四階、北端は地下六階から地下一階で構成される。下層二フロアは駐車場にあてられ、上層四フロアに講義室、講堂、ホール、カフェ、フィットネス等の共用施設が収容される。建物中央には南北を貫く幅二〇メートル、長さ二五〇メートルのスリット空間が挿入される。南側入口（地下三階レベル）からスロープで地下四階レベルにいったん下降し、北側の大階段で地上レベルまで上昇する。スロープと大階段の存在が場所の地形を顕在化する。

緑化された屋上と対照的にスリット空間は石やガラスの硬質な素材で仕上げられる。側面の全面ガラスはステンレス製の方立で支えられ、視線方向に応じてスリット空間の様相を変化させる。南北方向の視線に対しては方立の重なりによって両側面は巨大な壁面として知覚され、スリット空間の谷状の輪郭が強調される。東西方向の視線に対しては方立の存在感が薄れ、空間の透明性と連続性が際立つ。建物内部ではスリット空間に隣接して吹抜け、階段、廊下、居室が層状に並び、大階段下にはホールや大講堂が収容される。ガラス面と吹抜けによって採光と通風が確保され、通路やブリッジが交錯する立体構成によって地下空間の閉塞感が解消される。

梨花キャンパス・コンプレックスの大階段はスリット空間との共演により多様な役割を担う。第一に、スリット空間と大階段はキャンパスのゲートの役割を担う。それはタウン（街）からガウン（大学）への移行空間であり、教師、学生、訪問者はこの空間を通過し、目的の建物へ向かう。第二に、スリット空間と大階段は建物のエントランスホールとなる。大階段の踊り場は各階のフロアレベルに揃えられ、人の流れはここで立体的に仕分けられる。両側に並ぶ複数の入口から教師や学生が頻繁に出入りし、空間を活気づける。第三に、スロープと大階段ですり鉢状に構成されたスリット空間は、適度に囲われつつ、空へと開かれた滞留空間としての性格を備える。学生はひとりで、あるいは学友とともに大階段に腰掛け、思い思いの時を過ごす。

（KI）

梨花女子大学校キャンパス・コンプレックス、Ewha Campus Complex
ドミニク・ペロー、2008、ソウル、韓国

## 八節　階段

★（　）内は原著の刊行年

文献　クロード・パラン、戸田穣訳『斜めにのびる建築―クロード・パランの建築原理』青土社、2008(1970)

### 二重螺旋の階段　**サン・パトリツィオの井戸**

文献1　伊藤哲夫『景観のなかの建築』井上書院、2005
文献2　島村菜津『スローシティ　世界の均質化と闘うイタリアの小さな町』光文社、2013

### 反転と対立のかたちことば　**ラウレンツィアーナ図書館前室**

文献1　ジョルジョ・ヴァザーリ、田中英道他訳『芸術家列伝3―レオナルド・ダ・ヴィンチ、ミケランジェロ』白水社、2011(1568)
文献2　Rudolf Wittkower, 'Michelangelo's Biblioteca Laurenziana', "The Art Bulletin", vol.16, no.2, 1934, pp.123-218
文献3　若桑みどり『イメージを読む』ちくま学芸文庫、2005

### 街の立体広場　**スペイン階段**

文献　長尾重武『ローマ―イメージの中の「永遠の都」』ちくま新書、1997
参照　映画『ローマの休日』、ウィリアム・ワイラー監督、1953

### あやしげな階段　**サマセットハウス**

文献　John Harris, Sir William Chambers, "Architect to George III", Yale University Press, 1996

### ギリシア風内部空間　**ボルドーの劇場**

文献1　Daniel Rabreau, "Apollon dans la ville: Le théâtre et l'urbanisme en France au XVIIIe siècle", Patrimoine Centre des monuments nationaux, 2008
文献2　Christian Taillard, "Victor Louis (1731-1800): Le triomphe du gout français à l'époque néo-classique", PU Paris-Sorbonne, 2009

### 精緻なビッグ・フライト　**ファーネス・ビル**

文献　James F. O,Gorrman, "The Architecture of Frank Furness", Philadelphia Museum of Art, 1973

＊1　リチャードソニアン・ロマネスクと呼ばれる一九世紀後半の

アメリカ建築の基調をつくった建築家。

＊2　ロバート・ヴェンチューリ、伊藤公文訳『建築の多様性と対立性』鹿島出版会、１９８２（１９６６）

＊3　現在は中央図書館ではなく建築、デザイン系の図書館であり、建築アーカイブとしても機能している。

＊4　本書 pp.168-169 参照。

＊5　Edward R.Bosley, "University of Pennsylvania Library Frank Furness", Phaidon Press Ltd, 1996, p.4

## 統合する階段　ヴィクトル・オルタ自邸とスタジオ


文献1　"Victor Horta The Architecture of Art Nouveau", Thames & Hudson, 2018.07

文献2　『ＧＡ 42　ヴィクトール・オルタ　ファン・エートフェルデ邸、オルタ邸とアトリエ』エーディーエー・エディタ・トーキョー、１９７７

参照　Major Town Houses of the Architect Victor Horta (Brussels), UNESCO World Heritage List (website)


## タウンとガウンをつなぐ大階段

### 梨花女子大学校キャンパス・コンプレックス


文献1　"AV134 DOMINIQUE PERRAULT 1990-2009", Arquitectura Viva, 2008

文献2　「進化するキャンパスの行方」『a＋u』２００５・２、エー・アンド・ユー

参照　Ewha Womans University　Dominique Perrault Architecture (website)

第一章　要素

九節

# ファサード

建物の主となる立面をファサードという。英語のフェイスと語源は同じ。つまり建物の「顔」である。ファサードには、柱、壁、窓、入口、屋根など様々な要素が現れる。各部分はそれぞれの意味をもち、同時に互いに関わりあい、そして秩序にしたがって全体を構成する。多様な意味をもつ形態要素が組み合わされ、美しくファサードに表現される。

建物のある一面を特別な正面＝ファサードとし、これを建築表現の主題としたのはルネサンスの建築家たちであった。このことは同時期、三次元の物体を平面上に平行投影で示す表記法が用いられたことと無関係ではない。眼前にまだ存在しない建物の姿を想像するのに、最も有効なレプレゼンテーション（表象）は、ファサードを平行投影した立面図であった。しかし、立面図がいかに正確であろうと、その図のとおりに建物が見えることは、現実にはありえない。実際は、近くから見上げたり斜めから見たりするので、遠近感は出るし遠くの端部は歪む。ところが不思議なことに、脳内には明確にファサードの仮象が立ち現れ、記憶に刻まれる。つまりファサードのイメージは、実際の建築体験とは別に、その建物を表す固有の記号として存在する。立面図に描かれたファサードこそ、建築物のひとつひとつに付された不変の徴。

事実、写真が普及する以前、建築における意匠や構法の伝播は、図面の流布によるところが大きい。図面という表象が受容されるに伴い、フィジカルな現実世界とは別に、いわば概念上に建築の文化が築かれた。インターネットに親しい世代であれば、パラレルワールドにたとえるとわかりやすいだろう。「アーキテクチャー」というイデアの世界では、現実世界の個々の建物（アクター）はアバター（美しく個性的なファサード）に象徴されている。いや、むしろ私たちは、ファサードをデザインする際、パラレルワールドにおけるアバターを想い、その姿が浮かび上がってくるよう、逆照射している……そう考えることもできる。（NM）

## サンタ・マリア・ノヴェッラ教会

# ファサードの誕生

初期ルネサンスの重要作品として、必ず建築史の教科書に取り上げられる名作に、レオン・バティスタ・アルベルティによるサンタ・マリア・ノヴェッラの正面がある。アルベルティは初期ルネサンスを代表する万能の芸術家。実作のみならず『建築論』や『絵画論』などの理論書も著し、ルネサンスの革新を演出した。

聖堂本体の建設は一三世紀に遡る。正面は中世に建設された部分をとどめたまま、一五世紀半ば、フィレンツェの有力者ジョバンニ・ルチェッライからアルベルティに設計依頼された。幾何学による図的な表現や比例に基づく立面構成から、ルネサンスの嚆矢とされるが、彼が立面すべてゼロから設計したのではない。

一層目には中世のアーチが残っていた。彼は、これらを古代の柱梁によって全体に関連づけるため、両端にドリス式角柱を用いて大きく枠取った。入口左右の両部分はコリント式半円柱によって中世のアーチを組み込んだまとまりをつくる。上下の中間層に帯状のアティックを設けて下層と上層のつながりをいったん切る。さらに上層には、ペディメントをもつ古代神殿のモティーフを展開させる。両サイドには、教会本体の切妻の一部を隠すため円を内接させたスクロールを設け、これによって巧みに上層と下層を一体化させた。

アルベルティが、フィレンツェに中世から建つサン・ミニアート・アル・モンテ聖堂やサン・ジョバンニ洗礼堂を参照したことはよく知られている。比較しながら彼の創造を顧みるのは興味深い。建築史家ウイットコウワーは、「古い部分と新しい部分の連続性を保ちながら、同時に先人の制作を革新するという信念」[*1]をここに読みとった。隣接する塔や、聖堂本体は中世に由来し、またファサードに展開された要素も過去を継承する。だがアルベルティの創造は、これら独立した要素を維持しつつ、全く新しいイメージを生み出したことにある。それは、全体を比例的組合せで構成するかたわら、スケールや材料にかかわらず、部分から全体まで共通の構成原理が通貫するという理想であった。

この事例を巡る言説や解釈から、建物の主たる立面を、建築表現の主題として取り扱うというファサードの概念が生み出された。私たちは、アルベルティ式の思考体系にとらわれ、無意識にファサードに意味を読む。また建築家は、ファサードをもとに創造を重ねる。ファサードはグラフィカルな二次元として独立し、紙面上で比例や構成が検討され、また紙面上の図として流布される。建築のリプレゼンテーションとしてファサードを捉えることが、ここから始まる。（NM）

サンタ・マリア・
ノヴェッラ教会
Basilica di Santa Maria
Novella
レオン・バティスタ・
アルベルティ
1470
フィレンツェ、イタリア

## ポルタ・ピア

# かたちことばの解体

一六世紀半ばすぎ、教皇ピウス四世は自身の名前を冠した通りと市門を計画した。市の北部からクイリナーレの丘につながる旧道を、直線状に拡張整備してピア街道とし、端部にポルタ・ピアを置く。市門は外からの来訪者や侵入者に対して市の外に向かって正面をもつ。しかし初めて内向きの市門がつくられた。近代の大砲による攻撃に対して城壁や城門はもはや機能しない。実際、ポルタ・ピアの壁厚は防御的意味をもちえないことがわかっている。そして、ジェームス・アッカーマンはウィトルウィウスから続く劇場の舞台デザイン、すなわち奥行方向の街路と末端に記念碑を置く方法との関係を指摘している。[*1]つまり、ポルタ・ピアは書き割りであると。

しかし、市門にはほかにふたつの大切な役割があった。ひとつは遠くからそれとわかるランドマークとなること。今ひとつは市の玄関として、内部と外部の交通をコントロールすることである。ミケランジェロは中央の屋階を高くし、入口を強調することでその問題を解決した。全体がレンガ造であるのに対して、南西に向く正面中央部と重要な要素にはトラバーチンを用いている。日差しによって輝き、陰影を基調とする古典的手法である。しかしその細部では古典的ルールから逸脱する。

壁柱の柱頭部にある三角形が並んだグッタエはドリス式ないしトスカナ式の要素である。そして、柱身に刻まれたフルーティングは、溝の間に平縁があってイオニア式の特徴を示し、それらの並置は矛盾している。入口上部は角ばったフラットアーチであるが、その上に必要な軽減アーチは浴場窓に置き換えられている。さらにその上に三角のゲーブルが載ることでいっそう複合的になっている。そのゲーブルも複雑で、紙を巻いたような巻軸模様のスクロールはスケールが逸脱している。レンガ壁に配された垂れ飾りをもつ円盤モティーフと銃眼胸壁上の球は、それぞれ教皇とメディチ家と関係があるとされる。[*2]

ミケランジェロは彫刻家を自認した。しかし建築に関しては、彫刻的なアプローチから絵画的なそれへ移行していくことが指摘されている。[*3]最晩年の作品であるポルタ・ピアは、後者の絵画的傾向の最終形を示しているのであろう。古典的な言葉でありながら、要素自体を変形し、かつそれらの構成も、規範からずらすこと自体が意図されているように見える。しかし、それにしても、見るものを惹きつける、不思議な魅力をもった作品である。（ＩＩ）

ポルタ・ピア
Porta Pia
ミケランジェロ・
ブオナローティ
1564
ローマ、イタリア

ヒルハウス

# スコットランドと近代の出会い

ロンドンでは一部の公共建築以外、レンガでつくられ、特にビクトリア期の赤茶色のレンガは軽やかにさえ見える。それに対して、スコットランドの建築の多くは、地元の石でできている。そして、ゴシックの特徴をもつスコティッシュ・バロニアル様式という要塞のように重厚な形式は、その石でつくられ、大地に根ざした建築のあり方を示している。グラスゴーに生まれ育ったチャールズ・R・マッキントッシュは自らがスコットランド人であり、スコットランドの源泉から着想を引き出すのは当然だと考えた[*1]。

代表作のひとつであるヒルハウス。グラスゴー西郊のヘレンズバラ、クライド湾に面した南下がり斜面に広がる住宅地の最上部に建っている。全体は伝統に沿った、単純な切妻屋根のブロックの組合せでできている。急勾配の切妻スレート屋根、屋根より突き出した妻壁、隅部にある円形階段室塔、軒線をまたぐドーマー窓などはこの地に固有の要素である。

一方で、この住宅は出版業を営むクライアントの郊外住宅として計画された。郊外住宅は近代に生まれた建築タイプである。一八六八年生まれのマッキントッシュは近代工業化社会への移行期を生きた。グラスゴーは造船業によって近代化が最も早く進んだ都市のひとつである。その近代に向かう社会に対応しながら、伝統とのつながりを固持している。

ヒルハウスの玄関は西側妻面にあり、そのファサードがほとんど説明不能な魅力をもっている。マッキントッシュのドローイングは線で表現され、素材感や陰影を排した方法で、世紀末の特徴を示す。このファサードはラフキャスト[*2]の均質な表面をもつが、いかにもざらついており、内部の空間的要求にしたがって三つの奥行を与えられている。それは面なのか塊なのか。その壁に接するのは一階では半公的、二階では私的な諸室であるが、それらは連続的に扱われ、むしろ縦に面が分節される。玄関上部でずれた面は一階では横に、二階では上方に伸びる。ドレッシングルームの窓は折れ曲がって半分オリエルウィンドウのようである。不整形の庇が載り、その樋がエントランス脇に降りてくる。一階の入口、窓の周囲は黄色い砂岩の枠取りが露出し、ラフキャストの仕上げが後退している。

それぞれの要素は歴史的な言葉でありながら、その構成がずらされることで、新たな意味を発している。ヴァナキュラーな要素と、絵画の世界における構成の重視というこの時代の新たな傾向、それらの間の均衡と言えばよいであろうか。（ＩＩ）

ヒルハウス
Hill House
チャールズ・R・マッキントッシュ
1902
グラスゴー、イギリス

## ロダン美術館

# 自立するファサード

ギリシア語で「兄弟愛の都市」という意味をもつフィラデルフィアは、一七世紀に創設者のウィリアム・ペンのもと、トマス・ホームが、中央に市役所を配し、そこから東西に大通り、周囲に四つの広場を設けた格子状の幾何学パターンの都市をつくりあげた。一九世紀末から二〇世紀初頭にかけて、フランスのエコール・デ・ボザールの影響を受け、古典主義建築がアメリカに広まり、「シティー・ビューティフル」と呼ばれた強い軸線をもつ壮大な建築や都市計画が展開された。フィラデルフィアにおいても、ボザール出身の建築家・ランドスケープアーキテクトのジャック・グレベールらのデザインで、市役所から美術館へ北西に向かう壮大なベンジャミン・フランクリン大通りが一九二〇年代に建設された。それと同時期、大通りに面してフランスの彫刻家オーギュスト・ロダンのコレクションを集めたロダン美術館が、グレベールのランドスケープ・デザイン、やはりボザール出身でペンシルヴェニア大学で教鞭をとっていた建築家ポール・P・クレの設計により計画された。

この美術館では、大通りに面して、ロダンの作品「考える人」が置かれ、その背後にロダンがパリ郊外のアトリエに再現していた一七世紀のシャトー・ディッシィの一部の複製が、自立した壁として建てられている。この壁は美術館への門でもあるが、建物本体から切り離された街に対するファサードでもある。

この自立するファサードを通り抜けると、正面にドリス式の柱が二本建つ以外は装飾が抑制された幾何学的な建物本体のファサードと、その中央に置かれたロダンの作品「地獄の門」を、方形の池越しに見る。視線が正面に向けられる一方、身体は池を回り込み迂回させられ、建物本体へと導かれる。ふたつのファサードに囲まれた空間は、外部空間ではあるが、外の部屋、境界の部屋でもあり、外と内の緩衝空間であり、空間体験に奥行を与える儀式を演出している。

内部は中央のホールとその周囲に配された空間だけのきわめてシンプルな構成である。空間全体に強い軸線が貫く一方、上からの光とロダンの作品の周りを回りながら歩くことで、空間全体に柔らかい印象と、広がりが生み出されている。

ファサードは単なる立面でなく、正面から見る視点や人の存在・動きが暗示されている。この美術館は、強い軸線をもちながら、人や視線の動きが巧みに計画され、奥行と感動を与えてくれる。（ＫＨ）

ロダン美術館
Rodin Museum
ポール・P・クレ＋
ジャック・グレベール
1929
ペンシルヴェニア州
フィラデルフィア
アメリカ

## ユニテ・ダビタシオン

# 光を砕くファサード

　一九三二年、ニューヨーク近代美術館における「近代建築展」に合わせて『インターナショナル・スタイル：一九二二年以降の建築』が出版される。著者のヒッチコックとジョンソンは、この本の中で近代建築の特徴のひとつとして「ヴォリュームとしての建築」という概念を提起する。[*1] この概念は従来の正面性やファサードのあり方を再考する契機となる。たしかに、ライトのロビー邸や落水荘、ミースのバルセロナ・パヴィリオンやファーンズワース邸[*2]は三次元の透視図的構図の中で捉えられることが多く、それらを二次元の立面図やファサードとして認識することは稀である。

　ル・コルビュジエの建築は少し様子が異なる。サヴォア邸はヴォリュームとしての建築の代表例であるが、同時にそれはヴィラ・ロトンダのごとく、四つのファサードをもつ建築として捉えることもできる。ヴォリュームとしての建築の時代にあって、彼はなお、自由な立面、水平連続窓、トラセ・レギュラトゥール等の概念を援用し、ファサードのあり方を探求し続ける。

　やがて、規模の大きな建物の設計を手がける中で、彼はブリーズ・ソレイユによる新たなファサードの可能性に気づく。太陽を砕くことを意味するブリーズ・ソレイユは一種の日除け装置であり、通常それはファサードに付加される一要素にすぎない。彼は環境制御装置であるブリーズ・ソレイユを拡張し、ファサード全体を覆う主要素へと昇華する。ブリーズ・ソレイユは一九三〇年代から彼の設計の中に登場し、一九五〇年以降、その採用が本格化する。

　ブリーズ・ソレイユとファサードの組合せの妙は、以下の三点に集約される。第一に、ブリーズ・ソレイユの庇の深さや日除け壁の角度は、それぞれの敷地の太陽高度や方位によって決定される。それは太陽が描く影の濃さや深さに反映され、建物ファサードに土地特有の表情を与える。第二に、ブリーズ・ソレイユ背後に中間領域であるロッジアが形成される。それによって、人の動きやシルエットがファサードの構成要素となる。第三に、内部の空間配列とファサード・デザインが双方向で影響を及ぼしあう。ユニテ・ダビタシオンは二三種類三三七戸の住戸ユニットを収容する。住戸ユニットの種類、位置、組合せによる空間配列の要求と、ブリーズ・ソレイユの立面構成の要求がひとつのファサードの中で折合いをつけられ、統合される。そして、その豊かな表情はさらにロッジア側壁の彩色によって増幅される。（KI）

ユニテ・ダビタシオン
Unité d'Habitation
ル・コルビュジエ
1952
マルセイユ、フランス

## 母の家

# パスティーシュの喜び

子どもが家の絵を描くと、その多くは傾斜屋根をもった切妻の正面を描くだろう。たぶん一階中央あたりに入口を設け、左右対称に窓を描く。そして屋根に煙突があったり、なかったり。家というものを想像するときの典型的なイメージは、この切妻ファサードの姿で、窓を目、入口を口に見立てると、人の顔のよう。この家は私たちに何かを伝えようとしている。

二〇世紀後半、ポスト・モダニズムを代表するアメリカの建築家に、ロバート・ヴェンチューリがいる。彼が設計した「母の家」は、含意や象徴、遊びを多用したデザインで、それは何かを語っている。

このファサードには、先に挙げた家の基本的なイメージすべての要素が含まれている。傾斜屋根、煙突、窓、入口など。しかし窓のかたち、大きさ、位置は様々で、入口部分には大きな穴が開き、その奥に斜めの壁がある。入口上部にはスリットがあって、切妻の家形はふたつに分断される。煙突は後ろに立ち上がるが、中心軸からずれる。このファサードを見るだけでも、何か内部におかしなことがいっぱい詰まっているという楽しい展開が次々と想い起こされる。「この建物は多様であり、単純である。また、開放的であり、閉鎖的でもあり、大きく、かつ小さい」[*1]、ヴェンチューリはそう説明する。まるで子どものおもちゃ箱のように。

世界中で近代建築ばかりが建てられていた二〇世紀半ば、過去の伝統的なかたちは時代に合わないものとして否定された。合理的で経済的な――でもつまらない――建物があちこちに建つ。そのような建物をヴェンチューリは、「少ないことは退屈なこと」[*2]といい、一方で古い建物に現れた、かたちの多様性や矛盾によって生まれる豊かさを高く評価した。

しかし、伝統的な建物をそのまままねるわけにはいかない。アメリカの建築家の歴史に対する思いは、なかなか複雑である。一八世紀以降に独立・発展したアメリカでは、オリジナルな意味を纏った古典建築は見当たらない。そこで、歴史的なかたちを独自に借用、混成し、新しい価値を与えた。象徴や遊びを建築の表現に吹き込んだ。伝統的なかたちは、新しい文脈と新しい手法で、新たな意味をもって、構成された。

近代建築の、極度に切り詰められた純粋な形態が、ため息が出るほどに美しいことは、ミースが教えてくれた。一方、多様なかたちを包摂することが、豊かに物語ることをこの「母の家」は教えてくれる。左右対称が崩れ、ウインクした破顔は、証明写真の真顔よりも雄弁に、私たちに思いを伝えてくるのである。（NM）

母の家
Vanna Venturi House
ロバート・ヴェンチューリ
1963
ペンシルヴェニア州
チェスナット・ヒル
アメリカ

## スパイラル

# 群造形のファサード

スパイラルは、民間企業が主催する文化活動の拠点となる複合文化施設であり、槇文彦の設計により一九八五年に完成する。ギャラリー、カフェ、ホール、レストラン、ショップなど、多様なスペースが共存し、都市の街路のような雰囲気をもつ。エントランスを入って右に折り返すと、青山通りに沿って上昇する幅広の階段が上階のショップやホールへ人を導く。踊り場には椅子が置かれ、通りを見下ろしながら思い思いの時間を過ごすことができる。

エントラスを奥に進むと、段差で分節されたギャラリーとカフェが並び、その奥に自然光が差し込む円筒形のアトリウムが現れる。曲面壁に沿うスロープは上階のショップへ人を導くとともに、アトリウムで開催される展示やイベントの鑑賞スペースとなる。これら立体的に流動する街路状空間に多様な活動が絡みつき、建物内部に都市的様相が生み出される。

多様で自由な活動を象徴するように、ファサードの意匠もどこか自由でリラックスした雰囲気に満ちている。一・二五メートルの正方形グリッドがリズムとスケールの基底となり、そのうえに凸型、十型、段型、円錐、自由曲面、四分割平面、等比分割など、多様な幾何学の要素と構成が重ねられる。正方形も、大きさ、素材、物体と空間、明示と暗示、規則と不規則といった多様な対比的様態に変形されながら増殖し、ファサードを埋め尽くす。各所に現れる対称軸は全体に波及しないようにあえて周到にずらされ、あくまでも部分の優位が保持される。正方形の外枠と地上から最上階まで連続する螺旋形状がファサードに視覚的まとまりをもたらす。それらは多様な要素の集積の結果として現れた形象であり、各要素を服従させるほどの強制力をもたない。

スパイラルのファサードのあり方は、槇自身の「群造形」理論を想起させる。それは支配的な全体の秩序に部分が従属するというトップダウン的な部分と全体の関係ではない。群造形においては、部分自体に集合体を形成するための自律的なシステムが内在し、継ぎ手を介して部分が相互に結合することによってボトムアップ的に全体が形成される。

槇はスパイラルのファサードを「古典的な建物のファサードのようにある枠組みに限定されたものでなく、外へつねに押し出ようというゆらめき（不確定性）をもつ」[*1]と説明する。この「ゆらめき＝不確定性」は、現代建築のファサードの特性を示す重要なかたちことばであるように思われる。（ＫＩ）

スパイラル
槇文彦
1985
東京都港区

## ラ・サマリテーヌ

# 欲望を映すスクリーン

パリ中心市街地を東西に横切るリヴォリ通りは、オースマンのパリ大改造により、一八五五年に開通する。この都市開発によって、パリ中心の様相は一変した。主要道路に沿って、統一感あるファサードが連続する都市景観が生み出された。

このリヴォリ通りが開通して少し後、近くのセーヌ川に架かるポンヌフのたもとの一画に、小さな店舗が開店した。ラ・サマリテーヌと呼ばれるこの店は、一八七〇年に設立され、以来、隣接する区画を統合しながら、パリ最大の百貨店にまで成長した。二〇〇五年に改修のため閉店した後、二〇二一年、デパート、ホテル、オフィス、住宅を含む複合施設として再生された。この改修計画において、大きな驚きと議論を巻き起こしたのが、妹島和世+西沢立衛（ＳＡＮＡＡ）によるリヴォリ通り沿いのファサードである。

ラ・サマリテーヌのデパート施設全体は、四つの街区を占めていた。特に西側の区画は、何度も増築を繰り返し広げられてきた。一八八三年から建築家フランツ・ジュルダンによって拡大整備され、引き続きアンリ・ソバージュが一九二八年にセーヌ川に面した建物を完成させた。それぞれの建設期が反映されたデザインの結果、東側と西側は一九世紀末アール・ヌーヴォーの、そしてセーヌ川に面する南部分はアール・デコの立面表現となっている。そして二一世紀の再生で、北側のリヴォリ通りに面する部分に、ＳＡＮＡＡによるガラスのファサードが出現したのである。

パリ中心のほぼ全領域において、オースマン期のファサード主義は、強くその存在を誇示している。つまり、通りを構成する建築物は、押し並べて重々しい立面で、道路との境界面は連続し、高さも階高も揃っている。この画一的な外観の並びに、突如ドレープのようにうねる全面ガラスのファサードが、一街区分にわたって展開された。ガラスは光の加減によって対面の様子を映し込み、幻想のようにパリの街並みを仮象する。波打つ皮膜は一九世紀の映り込みに、リズムと変化を与える。ガラスは、内部まで光を通し、一方、内部のスタイリッシュな様子を通りにアピールする。ここに、パリに対する、現代の独創的な解釈——先端ファッションを纏う外観——が、示された。

デパートという施設は、大衆の欲望をダイレクトに可視化する。したがってその外観には、時代の流行が反映される。かつて「ラ・サマリテーヌにはすべてがある」と歌われた。このファサードには、最先端の、大衆の欲望のすべてが映し込まれている。（ＮＭ）

ラ・サマリテーヌ、La Samaritaine
妹島和世＋西沢立衛（SANAA）、2021、パリ、フランス

## 九節　ファサード

★（　）内は原著の刊行年

文献　Mario Carpo,“Architecture in the Age of Printing”, The MIT Press, 2001

### ファサードの誕生　サンタ・マリア・ノヴェッラ教会

文献1　ルドルフ・ウィットコウワー、中森義宗訳『ヒューマニズム建築の源流』彰国社、1971(1949)

文献2　福田晴虔『アルベルティ ― イタリア・ルネサンス建築史ノート〈2〉』中央公論美術出版、2012

＊1　“Architectural Principles in the Age of Humanism”, W.W. Norton & Company, 1949, p.45より訳出。

### かたちことばの解体　ポルタ・ピア

文献1　長尾重武『ミケランジェロのローマ』丸善、1988

文献2　ジョン・サマーソン、鈴木博之訳『古典主義建築の系譜』中央公論美術出版、1976(1963)

＊1　ジェームス・S・アッカーマン、中森義宗訳『ミケランジェロの建築』彰国社、1976(1961)、pp.186-189を参照。

＊2　前掲書、pp.193-194

＊3　前掲書、p.191

### スコットランドと近代の出会い　ヒルハウス

文献1　小川守之『建築家マッキントッシュ』相模書房、1980

文献2　鈴木博之『夢のすむ家―20世紀をひらいた住宅―』平凡社、1989

文献3　James Macaulay, “Hill House Charles Rennie Mackintosh”, Phaidon Press Ltd., 1994

＊1　フィリッポ・アリソン、横山正訳『マッキントッシュの家具』エーディーエー・エディタ・トーキョー、1978、p.5

＊2　漆喰に小石、砂利などの骨材を入れた荒塗り。

### 自立するファサード　ロダン美術館

文献　Theophilus Ballou White, “Paul Philippe Cret. Architect and Teacher”, Art Alliance Press, 1973

### 光を砕くファサード　ユニテ・ダビタシオン

文献1　ル・コルビュジエ、山名善之他訳『マルセイユのユニテ・ダビタシオン』筑摩書房、2010(1950)

文献2　千代章一郎他「ル・コルビュジエにおける「ファサード」のデザイン手法」『広島大学大学院工学研究科研究報告』Vol. 55, No.1、2006

＊1　H・R・ヒチコック、P・ジョンソン、武沢秀一訳『インターナショナルスタイル』鹿島出版会、１９７８(１９３２)、pp.50-61

＊2　本書 pp.54-55、pp.214-215、pp.216-217 参照。

参照　The Architectural Work of Le Corbusier, an Outstanding Contribution to the Modern Movement, UNESCO World Heritage List (website)

## パスティーシュの喜び　**母の家**

文献1　ロバート・ヴェンチューリ、伊藤公文訳『建築の多様性と対立性』鹿島出版会、１９８２(１９６６)

文献2　フレデリック・シュワルツ、三上祐三訳『母の家』鹿島出版会、１９９４(１９９２)

＊1　ロバート・ヴェンチューリ、スコット・ブラウン&アソシエーツ、高恒建次郎、澤村明、丸山成寛訳『建築とデコラティブアーツ　ナイーブな建築家の二人旅』鹿島出版会、１９９１、p.30

＊2　文献1、p.39

## 群造形のファサード　**スパイラル**

文献1　『現代の建築家 槇文彦2』鹿島出版会、１９８７

文献2　『新建築』１９８６年１月号、新建築社

文献3　槇文彦『槇文彦＋槇総合計画事務所』鹿島出版会、２０１５・１０

文献4　槇文彦『記憶の形象　都市と建築の間で』筑摩書房、１９９２・８

＊1　文献1、p.9

## 欲望を映すスクリーン　**ラ・サマリテーヌ**

文献　Jean-François Cabestan, Hubert Lempereur, “La Samaritaine”, Picard, 2014

# 第二章
# 部屋

# 第二章　部屋

## 一節　内の部屋

クリスチャン・ノルベルグ＝シュルツにしたがえば、建築（的）空間は実存的空間を具体化したものである。そして実存的空間とは、人がそれぞれもっている、自分を含む安定した環境のイメージのことである。[*1] つまり、人が心に描く心安らぐ空間に、かたちを与えることが建築である。その建築空間の中で、人は自分がどこにいるのか（定位）、そして自分が誰であるのか（同一化）を容易に理解する。そのような人の定位と同一化を可能にする空間のことを、ここでは「部屋」と呼ぶ。もちろんルイス・カーンの「ルーム」が念頭にある。[*2]

内の部屋は、物理的な意味での内部空間とは必ずしも一致しない。屋根に覆われること、壁に囲われること、床によって大地と関係づけられること、それらは自分の空間を境界づけ、限定する。しかし上下四周を囲われた空間が、そのまま自動的に心地よい空間となるとは限らない。この点について、ガストン・バシュラールは片隅を取り上げる。床とふたつの壁の入隅、そこは半分閉じ、半分開かれて、そこに身を縮めるとき、「周囲には空想の部屋が建築される」。そこは避難場所であり、もの思う場所となる。このことは四角い部屋の一部が内の部屋になることも示している。[*3]

内の部屋について考える際、囲いとともに中心の重要性が指摘できる。シュルツの空間概念の三つの要素のひとつは中心であるし、カーンの「ルーム」の絵にも、中心として暖炉が描かれている。アメリカ植民地住宅では、ハース[*4]は厳しい外部環境から家族を守る中心であった。また、オットー・F・ボルノウは建築空間を人間との関係から「体験されている空間」として捉え、説明している。そして、その第一に優越する原点、すなわち中心を挙げている。[*5] 建築空間、特に内の部屋には、均質な数学的空間と異なる特異点がある。（ＩＩ）

## パンテオン
# 完璧な内部空間

石やレンガを積んでつくる組積造の壁に穴を開けるのに大きくふたつの方法がある。ひとつは穴の上に丈夫な水平材の楣を渡して、その穴の上の荷重を支える方法であり、もうひとつはアーチである。アーチは壁に使う石やレンガと同じ材料を円弧状に配置し、穴の上の荷重を圧縮力に変えて受け流す方法である。石やレンガは圧縮力に対して強いので、力学的に合理的である。また材自体の大きさを問わないので大きな穴が開けられる。古代ローマはアーチの技術を発展させた。そのアーチを中心軸の周りに回転させるとドームができる。二世紀の初頭、ローマのパンテオンはその技術によって幾何学的に完璧な内部空間をつくり上げた。

　まず内法寸法で直径四三・二メートルの球を大地に置く。そしてその中心を通る水平面で切る。その下半分を同じ半径の円筒に置き換え、上半分は半球としてドーム屋根になる。汎神殿の誕生である。

　幾何学的にシンプルな形態であるが、それを建てることは容易ではない。円筒部分の壁は前記内法面から外側に約六メートルの厚さがある。その外部の表情は素っ気ないが、コーニスによって三層に分かれている。内部はそのうちの下二層分に対応している。一層目の壁の中に、半円形と長方形の平面をもつニッチが交互に八箇所（うち一箇所は入口）あり、コリント式の柱列によって主空間と明確に分節されている。その柱列は円形平面の内法面を形成しており、堂内を一周するエンタブラチュアとともに、幾何学形態を完結させる。二層目の円筒形壁面の上に半球ドームが載り、頂部に直径九メートルのオクルス[*1]がある。ドームの下部は分厚いが最上部では一・二メートルと薄くなり、加えてコンクリートの骨材は上にいくにつれて軽いものが用いられている。

　内部空間は球や円のもつ強い求心性によって特徴づけられている。他にない濃密な内部を感じる空間である。しかし列柱を介してニッチに抜ける感覚と列柱そのもの、二層目のペディメントをもつ窓と正方形のモティーフによる比較的平滑な壁面とによって、建物に囲まれているような感覚をも覚える。ドームには五段で二八列の格間があり、当然上にいくにしたがって小さくなる。ニッチとそれらの間にある小祭壇はそれぞれ八つで、ニッチにある柱は四本。なので、その二八という数字は不思議である。コーニスで切り分けられた下部の円筒と上部のドームとは、異なる秩序にしたがっている。そして、ドームとその頂部のオクルスは天空を象徴するように見える。（ＩＩ）

パンテオン
Pantheon
BC27
118〜128頃再建
ローマ、イタリア
写真：市原璃子

## ヴィッラ・コルナロの四柱式広間

# 部屋の中の部屋

囲碁の布石は、四隅の領域をいかに囲うかという戦略から始まる。盤上の各隅に打たれた四点を「星」という。方形のスペースを、ある程度まとまった領域に分割する際、隅をどう扱うかが重要で、星はその要となる。空間デザインにおいて、このことを考えてみる。四隅を壁で囲ってしまうと、残余の十字平面の空間は狭くなる。一方、四隅に何もない広すぎる空間は、緊張感に欠け変化に乏しい。そこで考えられるのが、星の位置に独立柱を配置した四柱式の部屋である。

　四隅に独立円柱を配置した方形の部屋は、一六世紀イタリアの建築家アンドレア・パッラーディオが優れた実作を残しており、彼の著名な建築理論書『建築四書』にも説明が載る。その例は、ここに挙げるヴィッラ・コルナロをはじめ、ヴィッラ・ピザーニやパラッツオ・イゼッポ・ダ・ポルトに見られる。もちろん、四柱式の空間自体は彼の発明ではない。ヴィトルヴィウスが四柱式のオエクス《居間》を記すように、すでにローマ時代より存在していた。パッラーディオは古代のこの空間を、独自の創造力のもと「四柱式広間」という完結した空間要素に再構築した。ヴィッラ・コルナロの正方形の広間では、装飾のある格天井を四本のイオニア式コラムとエンタブラチュアが支えている。部屋の広さに比して天井が低いという印象を与えないよう、四隅の独立柱によって領域を絞り、高さとの比を調整する。さらに柱は二階を支える構造的な意味ももっている。柱と広間空間が一体的にデザインされることで、広間はひとつの完成したモデルとなった。

　四柱式広間のみならず、パッラーディオは古代ローマ建築に見られた様々な要素——神殿風ペディメントやロッジアなど——を当時代的に敷衍し、ローマの形態言語を巧妙に蘇らせた。これら、各々が完結したエレメントは、全体と各部分の対応、各部分相互の間の対応の中で調和的に構成され、「ひとつの完全な、巧みに完結された姿[*1]」にまとめられた。

　パッラーディオだけではない。ローマ期の都市ポンペイの遺跡に残る四柱式アトリウムを訪れたル・コルビュジエは、東方の旅のスケッチ帳にこれを描く。またルクセンブルク出身の現代建築理論家ロブ・クリエは、『エレメンツ・オブ・アーキテクチャー[*2]』において、部屋タイプの一例に四柱式広間を取り上げ、密閉された空間の中にもうひとつの空間——ほとんど神聖な領域——を生み出すと特徴づけた。四つの独立柱をもつ部屋は、一種の空間モデルとして、異なる時代の建築家にそれぞれの読み解きを鼓吹し続けてきた。（NM）

ヴィッラ・コルナロの四柱式広間
Villa Cornaro
アンドレア・パッラーディオ
1553〜55頃
パドヴァ近郊、イタリア

## カサ・バトリョ

# 渦巻く部屋

カサ・バトリョは既存建物の改修と増築によって一九〇六年に完成する。アントニオ・ガウディの設計のもと、地階、六階、屋階が増築され、大幅に改修される。改修後は一階にオーナー玄関、共用玄関、貸店舗、二階にオーナー住居、上階に賃貸住戸が収容される。ファサードは石とタイルとガラスによって波打つ曲面に仕上げられ、頂部にはタイルによる有機的な屋根が新設される。下層階の窓は新設され、上層階の窓には仮面のような鋳鉄製バルコニーが付加される。

光庭は拡張され、壁面は濃淡の青いタイルでグラデーション状に仕上げられる。光庭に面する窓は、光量に応じて上層は小さく、下層は大きな窓が新設される。光庭両側面には鍵形の木製窓が設けられ、細い下部に換気スリットが組み込まれる。ガウディは優れた職人たちと協働し、細部まで綿密に建物を仕上げる。石、木、鉄、ガラス、タイル、スタッコ等の多様な素材と工法が駆使され、多彩な色や質感、曲線や曲面、動物、植物、宗教的モティーフがひとつに統合される。

これら華やかな表層形態にとどまらず、ガウディは部屋をつくるという建築の根本においても探究を怠らない。建築は部屋をつくることから始まり、部屋をつくることは中心と囲いを定めることにほかならない。ガウディ独自の中心と囲いのつくり方をカサ・バトリョのサロンにおいて体感できる。

天井照明によって部屋の中心が定められ、スタッコ仕上げの連続面が空間を囲う。天井に立体的な渦巻模様が施され、壁、建具、幅木は波打つ形状に仕上げられる。旋回する動きを可視化したかのような造形は部屋の中心性を強調する。街路面に目を向けると、外壁は取り去られ、開口部に二本の柱が残る。空間は柱を超えて街路へと拡張し、波打つ木製カーテン・ウォールが境界を定める。その造形は中心から波紋が広がり、街路側への空間の膨張を可視化する。

部屋の囲いには五つの開口が設けられ、それぞれ異なる建具がはめ込まれる。街路に面する木製カーテン・ウォールは上下三段で構成され、上段にステンドグラス、中段にギロチン式の可動窓、下段に通風スリットと固定窓が設置される。四つの木製扉は隣接する部屋との関係に応じて、開口幅、開閉形式、通風スリット、欄間、ステンドグラスが個別に設定される。部屋の囲いは閉じることと開くことの対立的共存の中で周辺環境と部屋との適切な関係性を構築する。特殊解に見えるカサ・バトリョのサロンは、実は部屋の本質を忠実に実体化している。（ＫＩ）

カサ・バトリョ
Casa Batlló
アントニオ・ガウディ
1906
バルセロナ、スペイン

## 落水荘

# 記憶の上の部屋

つくり方はプレーリーハウス、たとえばロビー邸と似ている。二枚の水平スラブに挟まれた横に広がる空間。プレーリーハウスの場合はそれが大平原へと連続し、壁によって内部と外部とを区別するあり方から離れる。しかしハースという強い中心がその空間をつなぎとめる。それと同じ方法を山奥のV字型の谷に置いてみる。キャンティレバーのスラブに上下を切り取られた視線は、遥か彼方に向かうのではなく、およそ目の前の樹々に捉えられる。自然が住宅をまず囲い込む、住宅自体が大地に、そして樹々に包み込まれている。

ピッツバーグのデパートのオーナーであるエドガー・カウフマン一家のウィークエンドハウス。もともと簡素な住宅が向こう岸に建っていた。そして家族は親しい友人たちとともに、ベア・ランで水浴し、滝上の岩に寝そべり、滑って楽しんだ。新たな住宅の依頼を受けたライトは、まず敷地全体の図面を精査し、全貌を把握する。そして、その滝を見渡す場所ではなく、滝の上に建てた。四本のピアによって支えられた三枚の大きな床スラブはその端部で立ち上がって手すりになる。それが水平の帯になって、その帯に挟まれた開口も帯状になる。

物理的な意味での内部とテラスの床は一体でガラス壁によって仕切られる。おおむね上階床のスラブが重なる部分が内部である。つまりテラスは空に開けている。このことがこの場所の特性を掌中にしたライトの素晴らしさであろう。内部にいると枠取りされた自然に規定されて、二重に囲われた空間である。そして、いったんテラスに出ると初めて、一気に大空につながる。さらに配置はベア・ランの流れに沿って、真南から三〇度東に振れている。すべての部屋に太陽がのぞき、朝日の恩恵を受ける。息子のカウフマンjr.はそれを好んで最上階のアルコーブにベッドを置いた。

素材は現場付近の石。そしてコンクリートと鉄とガラスである。石の壁は周囲の自然の石と馴染むように積まれ、リビングの床石はワックスが塗られ、川底に似ている。ソファ、テーブル、デスク、書架、ワードローブなどの家具は家の構造と同様に石の壁からキャンティレバーで出ている。暖炉の巨大なやかんや家中のメタルワークは土の色に近いライト好みのチェロキーレッドに塗られて暖かい。窓のコーナーに支柱や枠はなく、隅部が開き外の自然へとつながる。さらに、かつてくつろいだ岩棚がそのままハースとなっている。暖炉があり、家の中心であり、そして三重に内部化された、記憶の中心である。（ＩＩ）

落水荘
Edgar Kaufmann Residence / Fallingwater
フランク・L・ライト
1937
ペンシルヴェニア州ミルラン
アメリカ

## ファーンズワース邸

# 空気に囲まれた部屋

四周ガラス張りの家に住むことはできるか？　ユストゥス・ビアーがトゥーゲントハット邸に対して発した問いを、ここで再び問い直してみる。[*1]　それは、ファーンズワース邸に内の部屋はあるかという問いである。トラバーチンの床と白いプラスターの天井のふたつの水平面のみによって構成され、囲い込む壁のいっさいない空間に人は住まうことができるか。できるとするとそれはいかに可能か。

ふたつの水平面からなる内部空間がライトのプレーリーハウスに由来することはすでに指摘がある。[*2]　ライトはそれらによって形成された内部と外部とが異ならない連続する空間に対して、強い中心を与えることで内部化した。ファーンズワース邸にはふたつのバスルームと機械室の不透明なユーティリティコアがあるが、それはアメリカ住宅の伝統的なハースとは異なり中心を形成しない。そして、床は約一・五メートル差し上げられ、大地からもいったん切り離されて浮遊する。しかしそれでもここは心安らぐ内部である。ここで内部と外部とが連続する空間はガラスの壁によってではなく、敷地内外に広がる自然によって囲い込まれている。つまり、空気の厚さが奥行のある境界を形成し、さらにそこにある自然の樹々[*3]がそれを強化している。そしてリビングの目の前には、ミースが設計の当初から大切にしたシュガーメイプルの巨木があり、ガラスの箱とテラスに緑陰をつくった。[*4]

一九五一年にシカゴ郊外プレイノに完成したウィークエンドハウス。プレイノは人口一万人ほどの街で、小さなダウンタウンのほかはトウモロコシ畑の農地が広がる。ファーンズワース邸が立地するフォックス川周辺には色濃く自然が残されている。この自然とその一部である約四ヘクタールの敷地とが、ファーンズワース邸の内の部屋のありようと緊密に関連している。ミース自身「自然もまたそれ自身の生を生きている。（中略）ファーンズワース邸のガラス壁を通して自然を見たら、外から見るよりも、より深い意味を得る。こうすれば自然についてより多くを話すことができる──その住宅は、より大きな全体の一部となる」[*5]と話した。

テラスを除けば八本の柱と二枚の水平スラブとでできている。その住宅は壁の存在を拒否しているかに見える。栓溶接で床スラブと接合された柱の精妙なデザインは、この作品の重要な特徴であろう。しかし内部に入ると柱の存在が強く感じられることはない。あるのはふたつの水平面、そしてそれらに上下を枠取りされた自然である。（ＩＩ）

ファーンズワース邸
Edith Farnsworth House
ミース・ファン・デル・ローエ
1951
イリノイ州プレイノ
アメリカ

## ファースト・ユニタリアン教会

# ならんと欲しているもののかたち

二〇世紀後半を代表する建築家ルイス・I・カーンは、新奇性や機能性を求めるモダニズムとは一線を画し、絶えずものの始まり（beginnings）を捉え直していた。建築は「部屋（room）」から始まると説き、興味深いスケッチを残している。そこには大きなアーチに囲まれた空間に、ひとりではなく他者も描かれ、人どうしを結ぶ存在として暖炉と火が中央に置かれ、開口部は光を注ぎ、同時に外の人や世界ともつなげている。[*1]

　カーンは、部屋が集合してひとつの建築となると考えたが、ひとつの部屋にも輪郭があり中心があるように、部屋の集合であるひとつの建築にも、建築としての輪郭、すなわち囲いがつくられ、部屋どうしを結びつける「中心」が生まれ、内と外をつなぐ開口が設けられ、「光」が招き入れられると説いている。

　初源から問い直すことは、ひとつひとつのプロジェクトにおいても執拗に繰り返された。そして、空間や形態の根底にある共通感覚をもつ原型のようなもの、言いかえれば「ならんと欲しているもの」を「フォーム」と呼び、それに具体的なかたちを与えていくことを「デザイン」と考えていた。フォームなきデザインは単なるかたちの遊びにすぎないのである。

　カーンの「部屋」と「部屋の集合体としての建築」、そこに発生する「中心」や「光」、さらに「フォーム」の探求から「デザイン」への過程を最も明確に表しているのが、ファースト・ユニタリアン教会である。当初、教会から礼拝堂と教室を並置することを求められたが、カーンは、両者がともにあることの意味、どのようなかたちでいっしょになりたがっているのかを問い直し、「礼拝堂―回廊―学校」という同心円状のフォームの概念を導いた。それに純粋な幾何学的形態を与えた第一案がつくられ、その後スタディが繰り返され、大きな礼拝堂を中心に、その周りに教室群が囲むかたちが生み出された。礼拝堂には、上からの光が象徴的に注ぎ込み、建築全体を統合する強い中心となっている。

　このようにカーンの建築作品は、つねに初源から問い直すことから生み出されているので、太古の昔から現在、さらに未来まで、時間を超え、人類共通に訴える普遍性をもっている。ここで特筆すべき点は、初源から考え直した「フォーム」を抽象的な概念の世界にとどめず、力強くわかりやすいかたちで具体的に「デザイン」した点にあるのではないだろうか。そのため、カーンの作品を訪れると、けっして派手に多くを語りかけてくるわけではないが、力強い衝撃や鼓動を強く身体で感じるのである。（KH）

ファースト・
ユニタリアン教会
First Unitarian Church
ルイス・I・カーン
1961〜63
ニューヨーク州ロチェスター
アメリカ

## シーランチ・コンドミニアム・ユニット9

# 家の中の家

サンフランシスコから北に一五〇キロほどのシーランチ。自然豊かな場所に、富裕層向けのリゾート・サバーブが計画された。海岸線とはいえ太平洋とは崖で接し、道路は山道である。場所の特性をあぶり出し、強風や濃霧といった気候の問題を解決し、そのうえで風土に根ざした計画とする。ローレンス・ハルプリンがランドスケープを担当し、建築はジョセフ・エシェリックとムーア、リンドン、ターンブル、ウィタカーのMLTWが担う。すでにある土地の特徴を見つけては生かし、それを強化して可視化する方法がとられた。

一〇戸からなるコンドミニアムは海岸の崖に近い傾斜地に建っている。各住戸は土地の形状に合わせて段々に配置され、大部分を覆う一枚の片流れ屋根がその傾斜に沿うことで、外部のあり方に対応している。各住戸は一〇インチ角の太い柱六本で構成された一辺二四フィートの立方体が基本単位となり、出窓やデッキやサンルームは必要に応じてその外側に拡張される。この大きな屋根と基本の立方体とが、生活空間を守るひとつ目のシェルターである。

一〇のユニットは同じ要素で異なる構成をもっている。ここではチャールズ・ムーア自身の住居であるユニット9を見てみる。大きなシェルターの中に、四本柱の不思議な空間が置かれる。普通の意味でのfour posterは四隅の柱で天蓋を支えるベッドのことである。しかしここでは四本の柱は二階の四周開放された寝室を支え、その床は階下のハースを覆っている。どちらも内部の中の内部と言ってよい。階上の寝室は家全体を見渡すオープンな場所であるとともに、トップライトから光が降り注ぐ明るい空間である。プライバシーは布のスクリーンで確保する。そして、階下のハースは文字どおりの炉辺で、天井を低く抑えた、薄暗い場所を形成している。そこは本当に居心地がよい。

ここで意図されたのは家を二重構造にすることである。外側の境界は外部環境により意識を向け、そして内側の境界は内部をさらに確かなものにしている。家の中の家という、ムーアのアイデアが実現されている。そして、たしかに二重になっているが、それらは不連続にあるのではなく、層状でもない。それぞれの要素は、露出した柱や梁によって緩やかに連続しており、境界が拡張されて内部空間とより近い関係になっている。そのことは境界の問題とも捉えうるが、それにしては内部空間のあり方とあまりに緊密に関係している。「内的完全性と外に対する合目的性[*1]」というゲーテの形態学の言葉を想起させるような形相である。(II)

シーランチ・コンドミニアム・ユニット9、Sea Ranch Condminium Unit 9
チャールズ・ムーア、1965、カリフォルニア州シーランチ、アメリカ

## 豊島美術館

# 土盛りの部屋

豊島という名は、豊富な湧水により稲作が盛んで、さらに豊かな漁場が近くにあることに由来する。一時期、産業廃棄物の不法投棄の問題を抱えることになるが、その解決に向けた積極的な動きと並行して、島は瀬戸内国際芸術祭の会場となり、各所にアート作品が設置され、来島者が増加する。

アートの島への変貌の中で二〇一〇年に豊島美術館が開館する。設計は意匠を西沢立衛、構造を佐々木睦朗が担当し、内藤礼による作品「母型」が恒久展示される。アートと空間が一体化した贅沢な美術館である。敷地は瀬戸内海を望む豊島唐櫃《からと》の小高い丘にあり、休耕田の棚田を再生したうえで、敷地の一角に水滴のようなかたちをした建物が建設される。建物規模は幅四〇メートル、長さ六〇メートル、最高高さ四・三メートルである。背の低いコンクリートシェル構造の、胎内のようなワンルーム空間である。コンクリートシェルの天井にはふたつの大きな開口が設けられ、周囲の風、音、光が直接、空間内部に取り込まれる。「母型」と名づけられた内藤礼の作品は、床に設けられた多数の穴から地下水が少しずつ断続的に湧き出し、微妙な傾きをもつ床の上を水滴が転がり、水たまりを形成する。

施工は鹿島建設が担当し、施工方法の検討に九カ月、本施工に一六カ月が費やされる。コンクリートシェル打設の型枠には、敷地造成時の切土が用いられる。膨大な数の測量点を三次元測定機で計測しながら土盛り型枠を形成し、モルタルで型枠表面を整える。加工がしやすい一三ミリの鉄筋で配筋後、二二時間かけてホワイトコンクリートが途切れることなく打設される。一カ月後、ふたつの開口から土が掻き出され、厚さ二五〇ミリの滑らかな打放しホワイトコンクリートによるシェル空間が姿を現す。

空間の広さに対して極端に低い天井高さと勾配の緩さはシェル構造としては特殊である。しかし、でき上がった空間からは技術を尽くして特殊な構法を実現した強引さのようなものは感じられない。むしろそこに現れたのは、肩の力が抜けた柔らかで心地よい空間である。

空間の柔らかさと心地よさは、土盛り型枠に起因する。土を盛るとき、構造的に不安定な部分は自然に崩れ落ちる。逆に崩れ落ちない部分は、力学的に安定した形状となる。重力に素直に身を委ねる土盛り型枠構法は、自然の産物に近い空間を生み出す。それは文字どおり、人工物特有の不自然さが削ぎ落とされた空間である。（ＫＩ）

豊島美術館
西沢立衛
2010
香川県土庄町豊島
展示：内藤礼「母型」
写真：森川昇

## 一節　内の部屋

★（　）内は原著の刊行年

＊1　クリスチャン・ノルベルグ＝シュルツ、加藤邦男訳『実存・空間・建築』鹿島出版会、1973（1971）、p.97

＊2　香山壽夫『ルイス・カーンとはだれか』王国社、2003、pp.113-142

＊3　ガストン・バシュラール、岩村行雄訳『空間の詩学』思潮社、1969（1957）、pp.177-190

＊4　植民地時代から続く、アメリカ住宅の中心をなす暖炉とその炉辺を指し、家族の精神的な中心でもある。

＊5　オットー・フリードリッヒ・ボルノウ、大塚惠一他訳『人間と空間』せりか書房、1988（1963）、pp.15-17

### 完璧な内部空間　パンテオン

＊1　ドーム頂部の開口。この場合単に穴で、ガラス等も入っていない。

### 部屋の中の部屋　ヴィッラ・コルナロの四柱式広間

文献1　桐敷真次郎『パラーディオ「建築四書」注解』中央公論美術出版、1997（1570）

文献2　福田晴虔『パッラーディオ』鹿島出版会、1979

＊1　文献1、p.36

＊2　Rob Krier, "Elements of architecture, Architectural Design", Academy Grooup Ltd., 1983

### 渦巻く部屋　カサ・バトリョ

文献　オーローラ・クイート他、西森陸雄訳・監修『ガウディ完全ガイド』エクスナレッジ、2017（2003）

参照　Works of Antoni Gaudí, UNESCO World Heritage List (website)

### 記憶の上の部屋　落水荘

文献『GA 2　フランク・ロイド・ライト　落水荘』エーディーエー・エディタ・トーキョー、1970

### 空気に囲まれた部屋　ファーンズワース邸

文献1　ケネス・フランプトン他、澤村明他訳『ミース再考―その今日的意味―』鹿島出版会、1992

文献2『GA 27　ミース・ファン・デル・ローエ　ファンズワース邸』エーディーエー・エディタ・トーキョー、1974

文献3『GAディテール 1　ミース・ファン・デル・ローエ　ファンズワース邸』エーディーエー・エディタ・トーキョー、1976

＊1『フォルム』誌1931年、第6巻10月号に掲載されたユ

ストゥス・ビアーの論考のタイトル「トゥーゲントハット邸に住むことはできるか?」をファーンズワース邸に置き換えた。トゥーゲントハット邸をめぐる議論は以下に詳しい。海老澤模奈人「ミース・ファン・デル・ローエのトゥーゲントハット邸をめぐる議論　翻訳と解題」『東京工芸大学工学部紀要』Vol.38, No.1、2015

*2　ペーター・ブレイク、田中正雄、奥平耕造訳『現代建築の巨匠』彰国社、1967(1961)、p.231

*3　アメリカフウ、アメリカハナノキ、ソフトメイプル、プラタナスなどのフウ（楓）属のほか、アメリカブナ、シデ、ミズキ、ヤナギなど。建築家平井りか氏による。

*4　シュガーメープルは筆者が初めて訪れた1999年12月にはすでに主幹が5mほどの高さで切られていた。2012年8月には大枝も切られ主幹も朽ちつつあり、2014年10月には根元から姿を消していた。

*5　Fritz Neumeyer, Mark Jarzombek (trans.), "The Artless Word", MIT Press, 1991, p.339

### ならんと欲しているもののかたち　**ファースト・ユニタリアン教会**

文献1　アレクサンドラ・ティン、香山壽夫、小林克弘共訳『ビギニングス ルイス・カーンの人と建築』丸善、1986（1984）

文献2　ルイス・カーン、前田忠直編訳『ルイス・カーン建築論集』鹿島出版会、1992

文献3　香山壽夫『建築意匠講義』東京大学出版会、1996

文献4　香山壽夫『ルイス・カーンとはだれか』王国社、2003

*1　文献1、p.135／文献3、p.29／文献4、p.115

### 家の中の家　**シーランチ・コンドミニアム・ユニット9**

文献1　『GA 3　MLTW　シーランチ』エーディーエー・エディタ・トーキョー、1971

文献2　『GAディテール 3　MLTW　シーランチ』エーディーエー・エディタ・トーキョー、1976

*1　高橋義人『形態と象徴　ゲーテと「緑の自然科学」』岩波書店、1988、p.298

### 土盛りの部屋　**豊島美術館**

文献1　『新建築』2011年1月号、新建築社

文献2　妹島和世＋西沢立衛『KAZUYO SEJIMA RYUE NISHIZAWA SANAA 1987-2005 Vol.1/2005-2015』TOTO出版、2021・12

参照　鹿島ダイジェスト November 2014、特集「せとうちアート建設ツーリズム」豊島美術館、(website)

第二章　部屋

二節

# 境界の部屋

日本の伝統的な木造建築は、内部の床が伸びて縁になり、屋根が伸びて軒になる。そのふたつの面によって上下を規定された空間、すなわち縁側や軒下や広縁は、内部空間と外部空間の双方とつながっている。そして、内部と外部の境界は曖昧で、曖昧な境界は奥行をもち、それ自体がある性格をもった空間になる。そのような空間のうち「部屋」と呼ぶにふさわしい、実存的な意味での内部空間のことを「境界の部屋」と位置づける。

増田友也は『家と庭の風景』の中で庇を取り上げ、「庇において形成された空間感情が　古代から中世を経て　近世にいたるまで　日本住宅の空間構成の潜在的な　支配理念となる」[*1]と書いた。そして雨戸と紙障子の組合せによって、半開放性と半隔離性を併せもつ「中間的領域」が成立する。[*2]つまり、日本の木造住宅の場合は、内部から外部への移行は段階的で、グラデーションになる。

一九世紀前半にアメリカで郊外住宅が誕生したとき、壁で囲われ、開口が小さな植民地住宅に、リビングポーチが付加された。[*3]特に初期においては、閉鎖的な住宅と郊外という外部空間との間に、外の「自然」と交わるための中間的な性質をもつ要素として、新たに置かれた。その場合は、内部、境界、外部の各空間は三つに分かれている。この場合、「境界の部屋」の独立性が比較的高いと言える。あるいは、組積造の厚い石の壁に開けられた開口部が拡張されて、部屋のようになることもある。それは内部により近いものとして捉えることができる。

ポーチは、床と屋根と外壁の三つの面で囲われている。仮に建築や部屋を六面体としたときに、その半分の面に囲われた、ある意味で中途半端な空間と言ってよい。そしてそれに類した空間は、様々な形式で存在している。（ＩＩ）

## 古代ローマ住宅のアトリウム

# 内なる都市空間

わが国でもこの四〜五〇年ほどの間に、アトリウムという言葉が定着し、多くの人がアトリウムと聞くと、ガラスに覆われた巨大な吹抜け空間を連想するのではないか。しかし、アトリウムには、古代ローマ時代に遡る歴史があり、その語源はラテン語で「中心」という意味の「アター」であったと言われている。

古代ローマ住宅は、紀元後七九年のヴェスビオ火山噴火により火山灰に埋もれた後、近世以降に発掘され、一部復元されているポンペイと、エルコラーノの遺跡に見ることができる。アトリウムと呼ばれたのは、密集した都市型住居の入口を入ったところに位置する広間で、屋根の中央に方形の穴が穿たれ、その真下に水受けの水盤が置かれている。アトリウムの周囲には接客などの部屋が並び、プライベートな生活空間はアトリウムの奥にあるペリスタイルと呼ばれる緑あふれて列柱が並ぶ中庭を囲むように配されている。

アトリウムは、来客が集い、都市が住宅に入り込んだ「内なる都市空間」である。アトリウムのデザインは、インフォーマルなペリスタイルと対比的に、格式が高く、床が大理石モザイクで仕上げられ、水盤の四方あるいは周囲の部屋の前に古典オーダーの柱が建つものもある。中央の屋根の穴からは、雨が降ると水盤へ水が流れ落ち、晴天時は太陽光が降り注ぎ、天空とつながり、強い垂直方向性をもつ空間となっている。

歴史的には、初期キリスト教時代の教会の前庭もアトリウムと呼ばれ、ルネサンス時代には、古代ローマ文化の復興が目指され、古典オーダーの柱や装飾が施されたアトリウムをもつ住宅が文献に多く登場している。*1

アトリウムという言葉が現代のガラスに覆われた大空間として使われ始めたのは、一九六七年にジョン・ポーツマンがアメリカ・アトランタのハイアットリージェンシー・ホテルを設計した際に用いたことに端を発する。その後一九七〇年代以降、世界中でアトリウムと呼ばれる空間が多くつくられていった。

このように長い歴史の中でアトリウムと呼ばれた空間は、大きさやかたちが異なっている。しかし、空間の特徴を整理すると、いずれも外から内へ入る境界で人が移動するところに位置し、上からの光など垂直方向性をもち、都市空間を建築に取り込んでいる点では共通している。すなわちアトリウムを広い意味で解釈すると、古代ローマから初期キリスト教時代、ルネサンス、現代だけでなく、これらの時代を貫いてきたひとつの空間形式と考えられる。(KH)

メナンドロスの家
Casa del Menandro
BC3C～AD79
ポンペイ、イタリア

## ボローニャのポルティチ

# 学都の廊下

大学制度の起源は中世ヨーロッパに遡る。一二世紀ルネサンスと呼ばれる知的覚醒の波が広がり、知的好奇心に駆られた若者たちが高名な教師のもとに集まり、そこに大学都市が発生する。大学の語源はラテン語のウニヴェルシタスであり、教師と学生の集団を意味する。そのような教師と学生の集団が集まった最古の大学都市がボローニャである。

集団としての大学は何ら自らの不動産を所有せず、講義は橋のたもとや修道院の回廊、教師の自宅、賃借りされた部屋で行われる。街全体が大学であり、街路が廊下の役割を果たす。学生たちは街路を移動し、目的の講義に出席する。学都ボローニャには国外からも多くの学生が集まる。一三世紀、学生数は一万人を超える。その状況の中、「町の長老は市民に対して、歩行者のための連続的な屋根、つまりポルティコをすべての家に備えることを義務づけた」[*1]。

初期の木造のポルティコは建物の二階を街路に張り出すことによって形成される。やがて、ポルティコは建物一階部分（私有地）に挿入され、それらが連なることで屋根付き街路＝ポルティチが形成される。一二八八年の法令により、ポルティコの設置が義務化され、私有財産が同時に公共財産となる[*2]。現在、旧市街のおよそ八割の建物がポルティコを備え、その総延長は歴史地区で四二キロ、市内全体で六二キロに及ぶ。

旧市街に張り巡らされたポルティチの形状は多様である。素材、構法、仕上げ、質感、色の違いに加えて、柱や柱頭の形状、柱間のアーチ、尖頭アーチ、楣とそのデザインは多様性に富む。さらに建物の間口寸法に応じてポルティコの柱間隔が変化し、それがアーチの半径に反映される。ポルティチの存在は街路に豊かな表情と変化に富んだリズムをもたらす。

ポルティコ内部に入ると、その多様性はさらに豊かなものとなる。ポルティコの奥行の違い、街路と床の段差の有無、床面の意匠、天井の形状（フラット、ヴォールト、クロスヴォールト）、アーチの開きを抑えるタイバーやそこに取り付けられる照明、建物一階の壁面の状態（開放、閉鎖）など、その設えは変化に富む。

ポルティコはそれぞれの空間に応じた人の行為を促す。通過する、立ち話をする、腰掛けて通りを眺める、商品を並べて商売する、音楽を奏でる、家族や友人と談笑する。ボローニャでは八〇〇年にわたって、ポルティチがそのような日常の光景を生み出し続けている。

（ＫＩ）

ポルティチ
Portici, Bologna
13C〜
ボローニャ、イタリア

## 龍安寺方丈

# 内部と外部の混ざり合い

日本の伝統的建築空間の多くは床と屋根によって規定されている。温暖湿潤な気候は湿った大地から離れることを求め、雨を受け流す勾配屋根が必要であった。そして、それら上下ふたつの要素に挟まれた生活空間は何よりも風通しよく、日陰をつくることが肝要である。厚い壁で囲い込まれるのではなく、季節に応じて着脱できる、あるいは移動可能な、軽やかな動く壁のほうがよりフィットする。そして、雨風をしのぐ雨戸、直射日光を拡散光に変換する障子、光を遮る襖、折りたたんで庇にもなるしとみ戸など、様々なパーティションが生まれた。[*1] 日本建築を描いたロバート・ヴェンチューリのスケッチには「傘としての屋根」「家具としての壁」という書込みがある。[*2]

床と屋根とがつくり出す緩やかな内部空間の縁《へり》で、それらのパーティションを開け放てば、内部空間と外部空間との境目は限りなくぼやける。そのぼやけた境界部分にあたるのは軒下、縁側の空間である。町屋の軒先であれ、農家の縁側であれ、雨の降る風景を風に当たりながらながめる、あるいはその風景に参加することは心地よい。その曖昧な空間の居心地のよさはそれを境界の部屋と呼ぶにふさわしい。

そのような空間の例として、比較的大規模な、禅宗寺院の方丈が興味深い。方丈建築の平面の多くは六間《ろくま》の長方形であり、その四辺にぐるりと縁を巡らせる。そしてその縁を深い軒が覆っている。軒の出はてこの原理を使った桔木《はねぎ》によって支えられ、基本的には軒先を柱や梁が支持することなく、開放される。さらに鴨居や敷居に溝を切って、建具を滑らせる技術もこの時期に発達している。空間のあり方と技術とは関連があると言うより、空間的な要求がその技術を生んだ。そしてこれらのことは木造建築、すなわち細い柱と梁による構造であることが根底にある。さらに、その木材はこの場所の気候によってもたらされている。

枯山水の石庭が非常に有名で、体験する機会も多いと思われる龍安寺方丈を見る。定石どおり南東に突き出した玄関を入り、石庭を左に見ながら広縁に達する。石庭に面する南縁は他の三方より広く、下段がある。石庭を鑑賞する行為と結びついた空間であろう。その空間は内部とつながりながら、南に開ける。石庭のさらに南側には柿葺の屋根を載せた油土塀が巡り、二メートルほどの塀は緩やかに空間を刻む。その背後には高い樹々があって、そこまで含めるとかなり濃密な内部空間である。軒と縁、そして幾重にも幾重にも重なる軽やかな境界がそれをつくっている。（ＩＩ）

龍安寺方丈
1797頃移築
京都市

## リンドハースト
# 自然と交わるリビングポーチ

眼下にタッパンジー[*1]を望む高台に建っている。古くは先住民のタッパン族の地であり、一七世紀にはオランダ人が入植し農業を営んだ。自然を保全する意識の強い人々によって守られてきた環境は、一九世紀以後、マンハッタンの郊外となっていく。動機となったのはその豊かな自然である。

リンドハーストはニューヨーク市長を務めたウィリアム・ポールディングの自邸である。マンハッタンの中心部から三〇キロほど北、ハドソン川左岸に建つ最初期の郊外住宅である。最大の特徴はゴシックのヴォリュームとそれに対して東南西の三面を囲うリビングポーチ。一八三一年の建設当時は南と西の二面にL型についていたが、一八六五年に北側に大規模な増築が行われた際、東にも設けられた。

背後を住宅本体の石の外壁面で守られ、内部の諸室よりも低い天井に覆われている。細い柱とブラケットで軒先が支持され、外の自然に向かっては限りなく開放的である。自然と密接に交わることが意図され、そのことが強く表現されている。テーブルが置かれ、内部空間の拡張として機能する。その内外との関係づけ、中間領域としてのあり方が問われ、椅子に座って初めて実感される、心地よい空間がそこにある。

アメリカの郊外住宅には必ずあると言ってよいリビングポーチ。その最初期の例である。リビングポーチに接する部屋はドローイングルーム、サロン、ダイニングルームの主要諸室で、リビングポーチを介して自然と接続された。自然と交わるという至上命題に対して、アレクサンダー・J・デイヴィスは増築しても生きるリビングポーチのシステムで対応した。

近代化に伴う都市環境の悪化に対し、イギリスとアメリカでは、仕事は街でするけれど、少し離れたクリーンな場所で暮らすことが選択された。近代的な郊外の誕生である。ロンドンでは一八世紀末に、アメリカの大都市では一九世紀前半に、自前で通勤できる富裕層が都心を離れた。アメリカは建国後のアイデンティティを模索する中で、無垢の自然を再認識するムードがあり、自然の中で暮らすことが憧れとなった。

問題は郊外住宅という建築タイプがそれまでなかったことである。郊外住宅とはいかなるものであるかという問いが生まれた。アンドリュー・J・ダウニングの著したパターンブック[*2]がその答えを示唆し、ピクチュアレスクな様式に加え、リビングポーチが実質的な意味をもった。そして、ダウニングと協働したデイヴィスがその具体的デザインを示した。（ＩＩ）

リンドハースト、Lyndhurst
アレクサンダー・J・デイヴィス、1831・1865、ニューヨーク州タリィタウン、アメリカ

## ハウランド邸

# つくられた自然と溶ける部屋

一八七〇年に人口三〇万人に達したシカゴは、翌年、大火によって街の約三分の二が焼失した。その中心市街地はシカゴ派[1]の建築家たちによって、シカゴフレームの高層ビル街として急速に復興する。一方、一八六八年にフレデリック・L・オームステッドとカルバート・ヴォークスによる郊外住宅地リバーサイドの計画がスタートしている。東部の大都市で徐々に形成された、非常に高密な中心部と低密な郊外のセットからなるアメリカ大都市のあり方が、ここでは既知のものとして、一気につくられた。

リバーサイドの特徴は曲がりくねった道と、紡錘形の街区にある。蛇行するデスプレインズ川岸の大平原、すなわち真っ平らな土地に曲がりくねった道をつくる。そして大小約八万本の樹木が植えられた。その意図は、東部の大都市周辺の起伏に富む自然の中の郊外住宅地を、模造することであった。この方法は、敷地条件によらず理想的な住宅地をつくる方法として、全米で定着した。オームステディアンと呼ばれる。仕事場のある都心へは通勤し、日常生活は自然のような環境で過ごす、公園の中の村が企図されている。

ハウランド邸はヘンリー・S・スターバックの設計で、一八八三年に建てられた。簡素なスティック様式が用いられ、下見板張り、けらば飾り、リビングポーチの柱間のスクリーンなどがその特徴を示している。住宅本体は一八三〇年頃にシカゴで開発されたバルーンフレーム工法[2]でつくられた。壁式の構造であるから外壁は閉鎖的になる。リビングポーチはその住宅本体に付加されている、つまり住宅内部と擬似自然との間に、要素として挿入されている。

リバーサイドでは当初からサイドウォークと住宅の間に樹木を二本以上植えることが義務づけられた。ここではリビングポーチの周りにさらに灌木が植えられ、手すりと欄間のスクリーンと重なって、心地よく緩やかに囲われた空間となっている。どの家のリビングポーチにも、椅子やテーブルやベンチが置かれている。それは、荒野ではなく郊外という外部環境と積極的に交わりたいという気持ちの表現である。

奥行は二・五メートルほどあり、外壁と床と天井の三つの面で穏やかに囲われたC字型の空間である。床が地面から一メートルほど高く、大地との関係をいったん切っているように感じられる。そして、背後を外壁というか住宅本体によって守られ、外に向かって溶け出す空間となっている。そこには午後のひと時を過ごす姿があり、至福の時間が流れている。(II)

ハウランド邸
L.A.Howland House
ヘンリー・S・スターバック
1883
イリノイ州リバーサイド
アメリカ

ガレリア・ヴィットリオ・エマヌエーレ

# ガラス屋根のある街路

間違いなく街路である。しかしガラスの屋根が架かっている。ジュゼッペ・メンゴーニの設計で一八六五年から七七年にかけて建設されたアーケード。そこに生まれた素敵な都市の部屋である。一九世紀半ば以降に、おもにイギリスやフランスで鉄とガラスの大規模なアーケードが数多くつくられた。ガレリアはそれらの中でも特に壮麗である。そして何よりも、今も街の中心として機能している。

ミラノの中心部、ドゥオモとスカラ座を結ぶためにそれぞれの広場をつないでいる。南北方向の二〇〇メートルほどの街路がその役割を担い、加えて東西方向の約一〇五メートルの街路が十字に交差している。街路の上は、ヴォールト頂部の開口に細長い切妻屋根が載り、その高さは二七・七メートルほど。そして交差部のつくり方とあり方が際立っている。角の建物が面取りされて八角形をかたちづくる。そして八つのペンデンティブの上に、最高高さが五〇メートル近い半球ドームが載る。

街路を形成するのは両側の建築物である。ここでは均一にデザインされたルネサンス・リヴァイヴァルの外壁面が全体の一体感を生んでいる。実際には六層であるが、街路に現れた主要階は三層に見える。その下二層がイオニア式の装飾的な付柱によるジャイアントオーダーで統一され、三層目とはバルコニーで分節されている。階高は高く、一層目のアーチの開口部にメザニンが見える。最上部のコーニスは外壁面から大きく突出しており、通りを長手方向に見ると、ガラスの屋根はその奥から立ち上がっているように見える。ここでもヴォールトやドームの屋根は建物と連続することなく、明確に区別されている。繊細に組まれた鉄骨で支持されたガラス面は、屋根であろうとしているのか、あるいは空であろうとしているのか。

そして、様々な色の大理石が敷き詰められた一四・五メートル幅の街路面は床の存在に意識を向けさせる。一階のレストランやバーのフロアから連続するテーブルや椅子は、壁としての建物と床としての街路とを結びつける。バーナード・ルドフスキーは「ガレリアはミラノ市民にとって広場であり広間であった。ここをショッピングセンターと呼ぶのは、ティファニーを文房具店と呼ぶ以上に正確でない」[*1]と書いている。そのことはガレリアがひとつの内部性をもっていることを意味する。この街路にいると、四つの入口のアーチの向こうに街路を突き抜けた外が見える。それは明らかに別の世界のようだ。(ＩＩ)

ガレリア・ヴィットリオ・エマヌエーレ
Galleria Vittorio Emanuele
ジュゼッペ・メンゴーニ
1877
ミラノ、イタリア

## シンドラー邸＋チェイス邸

# 平面で構成される内部と外部と境界

ロサンゼルスに内包されるウエスト・ハリウッド。大通り沿いは商業施設やレストラン、娯楽施設が建ち並び、それら大通りに囲まれた地区はほぼ住宅街という、都会と郊外とが格子状に構成された街である。東西に走るサンタモニカ・ブールバードから南に三ブロック、周囲は低層集合住宅と戸建て住宅という環境の中に、竹や灌木に囲われた長方形の平らな敷地がある。

住宅はシンドラー夫妻と仕事仲間でもあるチェイス夫妻の二家族のための二世帯住宅であり、賃貸可能な客間が付加される構成になっている。二家族のユニットは、夫婦それぞれの大きなストゥーディオがL型に配置され、接点である角にエントランスと浴室がある。それらふたつのLがつながって全体としてはZ型になり、さらにその接合部に二家族共用の台所と、独立した入口と水周りをもつ客間が置かれた。

ライトのもとで仕事をしたルドルフ・シンドラーは、ライト的な内部と外部とが連続する建築のあり方を熟知していたはずである。床と屋根の二枚の平面によって規定される内部空間。それをさらに立体的に拡張することがここで意図されている。敷地内のすべての要素を長方形の板にし、それを床、壁、屋根として立体的に組み合わせる。その際、内部と外部とを区別しない、あるいは内部と外部という考えそのものを棚上げする。具体的には、コンクリートの床スラブ、同レベルの芝のパティオ、その先の一段ないし二段低い庭。現場打ちプレキャストのティルトアップ工法[*1]による壁パネル、その組合せによる外壁、板状に刈り込まれた植栽の壁、木造の陸屋根、屋上のスリーピング・バスケットの板状の屋根。それらの長方形の面が、敷地上のヴォリュームを、閉じることを避けながら切り分ける。

戸外での生活を意識したとされ、背後を守るたしかな壁があり、中心をかたちづくる暖炉がある。そこには心地よい内部空間がある。その上で前方を開放し、床と屋根が延長され開口周りに中間領域を形成する。その境界のありようは様々で、しかし確固とした内部性が目論まれ、実現されている。ふたつのパティオにも暖炉がある。外の部屋にも中心がある。内部と外部とが同じ方法でつくられる。この住宅は外の部屋でもあり、内の部屋でもあり、境界の部屋でもある。そうした多様な理解を理解することがここでの理解であろう。内と外と境界とをいったん切り分けてandでつなぐのではなく、もともと異なるものではないかのように、連続するものとして捉えてみる。（ＩＩ）

シンドラー邸＋チェイス邸
Schindler House +
Chase House
ルドルフ・シンドラー
1921
カリフォルニア州
ロサンゼルス、アメリカ

## シアトル中央図書館

# 積層された広場

シアトル中央図書館はレム・コールハースらの設計により二〇〇四年に開館する。情報メディアの普及と書籍のデジタル化の急展開の中で、改めて図書館の存在意義を問うことからプロジェクトは着手される。事前の調査結果に基づき図書館というプログラムを再編するためのコンセプトとダイアグラムが構築される。

図書館を構成する諸室は、機能が明確に定められた五つのエリア（駐車、スタッフ、会議、書架、管理）と、利用者が思い思いに使い方をアレンジできる四つのエリア（子ども、リビング、レファレンス、読書）に大別される。これは都市における建物と広場の関係に似ている。これら二種類のエリアが垂直方向に交互に積層され、左右にずらされる。四つの広場的空間は、機能エリアを貫通するエスカレータやずれによって生ずる吹抜けを介して相互に接続される。利用者は四つの広場を行き来し、必要に応じて広場に挟まれた五つの機能エリアにアクセスする。

事前調査によって紙媒体の本の需要が確認され、本と各種情報メディア共存の形式が提案される。ひとつは書架の並ぶブックスパイラルである。六階から九階まで螺旋状斜路でひと続きにつながった空間に書架が並び、利用者は効率的に目的の本にたどり着くことができる。たとえるなら、まちの商店街である。

他のひとつはミックス・チャンバーである。これは利用者が情報にアクセスするためのレファレンス・スペースを再定義し、その役割を拡張したものである。本の貸出、返却、分類、整理業務の自動化に伴い、館内に分散していた司書が集結され、常駐して本来のレファレンス業務に集中する。十分な情報端末と専門的な司書の存在により、適切な情報が利用者に提供される。こちらはさしずめ、まちの案内所である。

一階のキッズエリア、三階のリビングルームは高低差のある敷地前後の街路から直接アクセス可能なまちの延長として位置づけられる。一〇階の閲覧室は眺望の開けた空間として、ゆっくりと本と向き合うことのできる落ち着いた雰囲気を利用者に提供する。建物全体はフロアのずれをトレースするように菱格子の鉄骨フレームで包まれ、そこに環境制御の処理が施されたガラスがはめ込まれる。不整形なガラス張りの外観は周囲の風景を映し、太陽の位置や見る角度によって多様な表情を見せる。まちに溶け込む開放的な四つの広場的エリアは、まちと図書館の境界の部屋として、シアトル市民に親しまれている。（ＫＩ）

シアトル中央図書館
Seattle Central Library
OMA＋LMN
2004
ワシントン州シアトル
アメリカ

## 二節 境界の部屋

★（ ）内は原著の刊行年

### 内なる都市空間 古代ローマ住宅のアトリウム

*1 増田友也『家と庭の風景 日本住宅の空間論的考察』ナカニシヤ出版、１９８７、p.161
*2 前掲書 p.162
*3 市原出『リビングポーチ アメリカ初期郊外住宅の夢』住まいの図書館出版局、１９９７

### 内なる都市空間 古代ローマ住宅のアトリウム

文献 萩野紀一郎、角倉剛『アメリカのアトリウム―内なる都市空間』丸善、１９９４
*1 Andrea Palladio, "The Four Books of Architecture", Dover Publications. 1965(1570)、ほか
参照 Pompeii Sites Official Pompeii Archaeological Site (website)

### 学都の廊下 ボローニャのポルティチ

文献 岩城和哉『知の空間 カルチェラタン・クォードラングル・キャンパス』丸善、１９９８
*1 バーナード・ルドフスキー、平良敬一、岡野一宇共訳『人間のための街路』鹿島出版会、１９７３(１９６９)、p.78
*2 1650-2393-Nomination text-en(pdf) p.136, The Porticoes of Bologna, UNESCO World Heritage List (website)

### 内部と外部の混ざり合い 龍安寺方丈

文献 井上充夫『日本建築の空間』鹿島出版会、１９６９
*1 増田友也『家と庭の風景 日本住宅の空間論的考察』ナカニシヤ出版、１９８７、pp.152-170を参照。
*2 香山壽夫『建築を愛する人の十三章』左右社、２０２１、p.109の図による。

### 自然と交わるリビングポーチ リンドハースト

文献1 William H. Pierson,"American Buildings and their Architects 2-Technology and the Picturesque, the Corporate and the Early Gothic Styles-", Oxford University Press, 1978
文献2 Andrew Jackson Downing, "A Treatise on the Theory and Practice of Landscape Gardening", Dumbarton Oaks, 1991 (1st ed.1841)
文献3 市原出『リビングポーチ アメリカ初期郊外住宅の夢』住まいの図書館出版局、１９９７

*1 先住民のタッパン族とオランダ語の海を表すジーが接合された名称。ニューヨーク市の北、ハドソン川の川幅が非常に

広い場所。

*2　アンドリュー・ジャクソン・ダウニング（1815-1852）。三冊のパターンブックを表し、アメリカ郊外住宅のあり方を先導した。造園家であり、建築についてはディヴィスに負うところが大きい。

### つくられた自然と溶ける部屋　**ハウランド邸**

文献　市原出『リビングポーチ　アメリカ郊外住宅の夢』住まいの図書館出版局、1997

*1　一八八〇年代から鉄骨フレームを用いた高層ビルを建てたウィリアム・ル・バロン・ジェニーほかのシカゴの建築家たちを指す。彼らが構造に用いた鉄骨フレームのことをコーリン・ロウがシカゴフレームと呼んだ。

*2　日本では一般的にツーバイフォー工法と呼ばれる枠組壁工法の原形。

### ガラス屋根のある街路　**ガレリア・ヴィットリオ・エマヌエーレ**

*1　バーナード・ルドフスキー、平良敬一、岡野一宇共訳『人間のための街路』鹿島出版会、1973（1969）、p.94

### 平面で構成される内部と外部と境界　**シンドラー邸＋チェイス邸**

文献1　『GA 77　ルドルフ・シンドラー　シンドラー自邸、ハウ邸』エーディーエー・エディタ・トーキョー、1999

文献2　Esther McCoy, "Five California Architects", Hennessey & Ingalls, INC., 1960

*1　工事現場でプレキャストコンクリート板を製作し、建て起こして組み立てる工法。

### 積層された広場　**シアトル中央図書館**

文献1　『GA DOCUMENT 80』エーディーエー・エディタ・トーキョー、2004

文献2　OMA/LMN, "SEATTLE PUBLIC LIBRARY", ACTAR, 2005

文献3　ロベルト・ガルジャーニ、難波和彦監訳、岩元真明訳『レム・コールハース OMA　驚異の構築』鹿島出版会、2015（2008）

# 第二章　部屋

## 三節　外の部屋

外の部屋という言い方は普通ではない。しかし、一般的な意味での外部空間、すなわち街路や広場が、心地よい、楽しい場所として感じられること、あるいは逆に、疎外感のある空間になり得ることについては多くの指摘がある。「街は、書物と同じように読むことができる。（中略）街路、歩行者路、広場、公園は街の文法である」。ヤン・ゲールの『人間の街』の序文にリチャード・ロジャースが寄せた文章である。[*1] 街の公共空間には、その場所の様々な文化や歴史や生活が織り込まれていることを表している。そして、人々はその空間の意味を知り、住まうことが可能になる。

街路や広場は建物に囲まれ、その囲まれ方によってその名前を得るとともに、内部空間を獲得している。古い街道沿いの街は、街道そのものの連続性と方向性によって細長い空間として規定されつつ、同じ材料、同じつくり方で建てられた建物が両側に建ち並ぶことによって、統一感のある街路景観を形成する。広場も建物に囲まれている。四周を囲まれることで広場になっている。水平方向には閉合性をもち、空に開放される、あるいは空が屋根のように感じられる。これが広場の空間的特質である。

そして、街路も広場もそれらを囲む建物群と関係づけられる。関係づけるものは人である。私空間である住まいからの出入り、低層階の窓を介して行われるやりとり、一階にある店やカフェの広場や街路との相互介入、それらは具体的に大地と建築とを結びつける。ゲールの言うエッジのことである。

バーナード・ルドフスキーは「街路はそこに建ちならぶ建物の同伴者」であり、「摩天楼と空地では都市はできない」と書いている。[*2] フィラデルフィアの街路やカンポ・デ・フィオーリはそのような街路、広場の好例である。そして、大学や寺院のように特定の建築と意味づけられた外の部屋もあるし、村の小さな建築や逆に大都市の公園なども、外の部屋として捉え得るだろう。（ＩＩ）

### サン・マルコ広場

# 共同編集された外の部屋

サン・マルコ広場はヴェネツィアにおいて唯一「ピアッツァ」と呼ばれる広場である。それ以外の広場はすべて「カンポ」である。前者は公共性の高い広場、後者は生活に密着した広場を意味する。サン・マルコ広場を囲む建物はすべて公共建築である。その公共性にもかかわらず、広場は公権力によって計画的に建設されたものではなく、どちらかと言えば、自然発生的に一〇〇〇年という長い時間をかけて現在の姿に至る。

八一〇年、政治と宗教の中心である総督宮とサン・マルコ寺院がこの地に建設され、サン・マルコ広場の歴史が始まる。一〇世紀末に鐘楼が建てられ、小規模な広場が形成される。そして、一二世紀後半、広場が現在のL字型に変化する。広場は西に拡張され、同時に海に面する小広場が整備される。広場北面の建物は運河との関係から、サン・マルコ寺院の軸線に対して平行ではなく、やや傾いたかたちで建設される。それとバランスをとるように南面の建物も寺院軸線に対して傾き、不整形な独特の広場形状が生まれる。小広場にはオリエントから運ばれた二本の円柱が置かれ、海への玄関として設えられる。

広場南北面の建物には二層の柱廊が設けられる。柱廊で広場を囲む形式は古代のアゴラやフォルムで採用されたが、中世では稀であり、ルネサンス期に復活する。サン・マルコ広場における柱廊の採用はそれより三世紀も早く、流行を先取りするかのようである。それ以降、柱廊はこの広場に不可欠の構成要素となる。

その後も、サン・マルコ寺院の改造（一二世紀）、総督宮の建替え（一四世紀）、時計塔建設（一五世紀）、広場南北面の建替えと図書館建設（一六世紀）、ナポレオンによる広場西面の建替え（一九世紀）など、広場には様々な手が加えられる。こうして一〇〇〇年にわたる変容の末、現在のサン・マルコ広場が形成される。

サン・マルコ広場は運河に隣接する立地はもちろんのこと、広場と小広場がL字に結合し、両者の対比的性質（大と小、閉と開、東西軸と南北軸）が共存しているという点において独自である。さらに蓄積された時代ごとの建築様式（ビザンチン、イスラム、ゴシック、初期ルネサンス、盛期ルネサンス、新古典主義）が広場に多様な表情を付与する。サン・マルコ広場の形成過程は和歌の連歌を想起させる。あらかじめ最終形が想定されているわけではなく、つねに過去の集積の上に現在の表現が加えられる。多文化、多世代、多主体による共同編集によって醸成された空間は複雑で奥深く、唯一無二の魅力を備える。（ＫＩ）

サン・マルコ広場
Piazza San Marco
810〜19C
ヴェネツィア、イタリア

## クリフ・パレス

# 崖に内包された街

アメリカ中西部のフォーコーナーズ[*1]に近いコロラド州メサ・ヴァーデ。頂部が平らなテーブル状の山である。その上層部は七五〇〇万年以上前に形成された砂岩層で、クリフ・ハウス砂岩と呼ばれる。砂岩層は多孔質で水を含み、かつ水を通す。そして水を通さない頁岩層がその下にあり、崖の表面近くで砂岩層が風化してくぼみができた。その自然のくぼみが住まいになる。そこに住むことを考えたこと自体が、このくぼみが住まう場所として捉え得る性格をすでにもっていたことを示している。断崖絶壁であるにもかかわらず。

　プエブロ族の祖先、アナサジの人たちが七世紀初頭にこの地に住み始め、およそ七〇〇年の間、最初はメサ頂部の平地に、そしてその後崖に住んだ。そして一三世紀の終わり頃にここを去っていく。アメリカ先住民は文字をもたないためその理由は記されていない。しかし、今も六〇〇を超えるクリフ・デュエリング跡がこの地域にある。その多くは数部屋のみの小さなものであるが、街の規模を有したものも複数あった。バルコニー・ハウス、スプルース・ツリー・ハウス、ロング・ハウスなど。クリフ・パレスはその中で最も大きく、くぼみの幅はおよそ一〇〇メートル、奥行二七・五メートル、高さは一八・三メートルある。

その崖のくぼみに街をつくった。神事の場である二三のキーヴァと一五〇を超える部屋からなる集合住宅。キーヴァは一般的には地下空間で、集合住宅に囲まれたプラザにつくられる。しかし、ここで地面を掘るのは容易ではなく、上階にもある。全体として手前が低く奥が高い。この階段状の構成は多くのプエブロ集落で見られる普通のあり方である。そして、このことがここを外の部屋と呼ぶにふさわしい性質を与えている。手前の部屋の上はテラスである。そのように段々の形態のありようが、くぼみの奥行方向に迫り上がり、奥の空間の性質を強化する。

　ここに住む人たちは同じクラン（一族）に属し、家族のように暮らしたに違いない。ここの崖のくぼみは洞窟などと違い、奥行に比べて間口が遥かに広い。背後は自然の壁と自分たちの建てた建築物で守られ、前方は遥かに開けている。何かから守られる必要があったと考えられる。その守られる空間をここに見つけたのだろう。アナサジの末裔のパーク・レンジャーの言葉。「私たちは物理的にはここを去ったが、私の祖先の魂はまだここにある。（中略）あなたたちは彼らの存在を、彼らのぬくもりを、彼らのコミュニティの感覚を感じることができるはずだ。[*2]」（ＩＩ）

クリフ・パレス
Cliff Palace
12〜13C
コロラド州メサ・ヴァーデ
アメリカ

## カンポ・デ・フィオーリ

# 花の広場

広場は鍋底のような空間である。ただ単に広い場所ではない。大地によってしっかりと支えられ、周囲を建物によって囲まれ、そして空に開かれている。世界中にその様々なあり方を見ることができる。そしてその中には外の部屋と言ってよい、心地よい内部性を備えたものが数多くある。イタリアの街のそこかしこに見られる広場の多くは、その典型のひとつであろう。カンポ・デ・フィオーリは、ローマの中心にほど近く、古くから庶民に親しまれてきた、下町の広場である。イタリアの広場の中でも、とりわけ心躍り、心和む場所である。名前の由来は諸説ある。しかし今日の姿はまさに花の広場と呼ぶにふさわしい。

　イタリアの街の建物は一直線に並ぶことはない。ここでも、広場は少しでこぼこした長方形をしている。また、それぞれの建物の高さは一様ではない。その平面的な大きさや、囲い込む建物の四階から七階という高さは、それ自体心地よい[*1]。広場に通じる街路は九本ある。それぞれ個性のある街路であるが、広場にいるときにその存在はほぼ意識されることはない。閉合性のあるまとまった空間である。

　床にはローマに特徴的な黒い玄武岩の舗石が均質に敷き詰められ、一枚の硬いカーペットをなしている。また周囲の建物の外壁はどれも平滑なスタッコ仕上げで、教会や市役所前の広場に見られるような古典的オーダーや装飾はない。いたってシンプルな明るい色の立面に矩形の小さな窓が規則的に並び、皮膜のように広場を囲う。これらがまとまりのある落ち着いた空間を生む要因のひとつであろう。

　そして、それらの床と壁の接合のされ方が、広場を内部にしているもうひとつの重要な鍵である。ほとんどの建物の一階はリストランテ、トラットリア、クッチーナ、ピッツェリア、バル、カフェなどであり、広場の空間はいったん建物内に引き込まれる。そしてさらにそれぞれの店からテーブルと椅子とパラソルと人とが広場にはみ出す。あたかも床と壁がその接合部で縫い合わされているかのようである。

　午前中には市が立つ。野菜や果物やハムやチーズなど、広場を埋め尽くすマーケットは活気にあふれる。それが終われば、お昼を楽しむ人たち、午後の時間を過ごす人たち。穏やかな時間が流れる。そして夕暮れには、街中の人が集まったかと思うような賑わいがある。広場の端には映画館まであって、地元の人たちも観光客も一日中絶えることなく行き交い、ゆっくりと佇む。この空間を部屋と呼ばずにはおけない。（ＩＩ）

カンポ・デ・フィオーリ、Campo de' Fiori
13C〜、ローマ、イタリア

## ケンブリッジ大学カレッジ

# 四角

中世ヨーロッパで教師と学生の集団＝ウニヴェルシタスとして発生した大学は、一四世紀半ば頃から固有の建物を所有し、空間的に定位するようになる。アルプス以南では教場を中心とする大学本館型の建物、アルプス以北では居住機能を中心とする全課学寮型の建物が出現する。後者の全課学寮＝カレッジは教育システムと建築の両面においてイギリスにおいて独自の発展を遂げる。

一二〇九年創立のケンブリッジ大学では一六世紀までに一六のカレッジ（学寮）が設立され、現在、三一のカレッジが存在する。伝統的なカレッジの建物は学生居室、礼拝堂、図書室、食堂、談話室、厨房、管理諸室で構成され、それらが中庭を囲むように配置される。この形式は一四世紀頃から採用され、クォードラングル（四角）と呼ばれる。

クォードラングルには三つの構成原理がある。第一に、中庭側の壁面を揃えること。各部屋は機能に応じて部屋の幅が異なる。それらを中庭の周りに並べて連結する際に、中庭側の壁面を揃え、幅の違いによって生じる凹凸は外周側で処理する。中庭はつねに四角に整えられ、そこに鮮やかな緑の芝生が敷かれて、全体を統合する中心となる。

第二に、廊下を設けないこと。廊下がないため、部屋から部屋への移動は必ず中庭を経由する。また、カレッジの出入りの際は中庭が玄関の役割を果たす。すべての動線が中庭に集中することで、その中心性が強化されるとともに、そこで暮らす教師や学生の接触頻度が増す。

第三に、増殖すること。時間の経過の中で凹凸のある建物外周部に増築が行われ、やがてそれが外部空間を取り囲むことで新たな中庭が生成される。ゆっくりと自然発生的に増殖することもあれば、短期間に一気に増殖することもある。数世紀にわたる中庭の増殖によって、独特の大学空間が形成される。

これら三つの原理のもと、中庭はさらに記憶の堆積の場となる。トリニティ・カレッジのグレート・コートでは、高さ、素材、色、スタイルの異なる壁面が継ぎ接ぎだらけで中庭を囲む。セント・ジョンズ・カレッジのファースト・コートでは、一九世紀中頃に礼拝堂の建替えが行われ、それまでの礼拝の記憶を保存するために、古い礼拝堂の礎石が芝生の中に残される。このようにケンブリッジ大学カレッジの中庭は、記憶の断片を蓄積しながら、いつも変わらず教師と学生の集団を見守り続ける。（ＫＩ）

ケンブリッジ大学カレッジ
The University of
Cambridge Colleges
14C〜
ケンブリッジ、イギリス

## フィラデルフィアの街路

# 空に開かれたU字型の部屋

トマス・ホームが一六八二年に計画したフィラデルフィア。アメリカ最古の計画都市のひとつである。その計画はウィリアム・ペンの命によって、農地を含む大街区からなる「緑豊かなカントリータウン」を目指した。しかし一八世紀後半にはアメリカ最大の都市になった。矩形の大街区にはロウ・ハウスが建ち並び、高密化が進んだ。一五メートル幅の計画街路によって区画された、東西、南北とも一三〇から二〇〇メートル近くもある街区は、それを貫通する一五メートル幅の街路によって分割される。そして六メートルほどの細街路がそれらを縦横につなぐ。計画された南北八街区、東西二二街区の全街区で分割パターンが同じものはひとつもない。多様な街路空間をもつ街ができた。[*1]

計画街路のウォールナット通りを歩く。アメリカの大都市の主要街路にしては狭く、[*2]店舗やレストランが軒を連ね、人と車で活気にあふれている。その先にはリッテンハウス・スクエアがあって、様々な人々が訪れ、佇み、一日中賑わっている。その様子はジェイン・ジェイコブスの『アメリカ大都市の死と生』に詳しい。[*3]

南に下がってデランシィ・プレイス、大街区を南北に分ける街路である。幅は表通りと変わらない。しかし通りは街区をまたいでつながるのではなく、隣の街区ではずれている。つまり通りの端部は隣の街区の建物で視覚的に閉ざされている。両側には三階から四階建てのロウ・ハウスが並び、レンガの壁で包み込まれ落ち着いた空間をかたちづくる。通過交通はなく、街路樹が影を落とす。細長い広場のようである。

先述のとおり、ロウ・ハウスの入口にはストゥープが歩道に飛び出し、主階は通りから一段高い。それによってプライバシーが守られる。ストゥープや窓台に置かれたプランタに植えられた草花が通りを彩る。ロウ・ハウスには地下室があり、その窓が足もとにあって、ところどころ出入口や荷物の搬入口が街路にはみ出している。両側のふたつの外壁面と街路面はそれらの要素によって結ばれ、三つの面でU字型を形成する。

角を曲がって細街路に入ると、その囲われた感じはさらに強まる。車道は車がやっと通れる幅しかない。人のための都市の中の、さらに閉じた部屋である。[*4]囲い込まれることが内部空間、すなわち部屋の基本であろう。ここでは空に開かれながら、緊密に関係づけられた水平垂直の三面で緩やかに囲まれて、心地よい空間となっている。カーンの「街路は部屋になりたがっている」[*5]という言葉は、幼い頃からこの街に住み、この街を愛したからこそ生まれた。（ＩＩ）

フィラデルフィアの街路
Streets in Philadelphia
17C末〜
ペンシルヴェニア州
フィラデルフィア
アメリカ

## セントラルパーク
# 大都市の部屋

マンハッタンは忙しい街である。そのことはすでに一八四〇年代から問題になっていた。他の大都市に比べて公園や緑地などの憩いの場が極端に少ない。そのことに対して、ウィリアム・C・ブライアント[*1]やアンドリュー・J・ダウニングらが声を挙げる。一八一一年委員会計画にしたがって、マンハッタンのハウストン通り以北は、格子状街路で整備されることが決まっていた。そしてその計画には、ミッドタウンに予定されたザ・パレード[*2]以外の大きな空地がない。だからセントラルパークが計画された。一八五〇年代後半にフレデリック・L・オームステッドとカルヴァート・ヴォークスによってデザインされた。一六〇年以上経った今も、年間約四三〇〇万人もの人が訪れる大きなオアシスが生まれた。

五九番通りから一一〇番通り、五番街から八番街までの一五三街区分、約三四一ヘクタールを占める。その巨大な公園は様々な場所を包摂しつつ、一体感をもっている。設計条件であった東西に横切る四本の通りをアンダーパスにしたことが、その一体感を醸成するうえで非常に有効であった。そして、周囲は今では高層ビル群によって境界づけられ、囲われた空間でもある。

マンハッタンは古生代の岩盤の上に形成され、湿原と岩山からなっている。ここではその高低差をそのまま生かし、大小合わせて四〇万本の木が植えられた。地形を生かしながらそれぞれの部分に特徴が与えられていく。シープ・メドウ、グレイト・ローンなどのただの原っぱ。ランブル、グレイト・ヒルなどの森や丘。貯水池、レイク、ポンドなどの水。それらを結ぶ一〇〇キロに及ぶ馬車道と歩道。全体としては、人工的に自然をつくり上げる試みである。

テニスコートやスケートリンクやカルーセルなど、それぞれの時代の要求に沿って様々な機能が加えられた。それでも、それぞれの居心地のよい場所の有機的集合体としてのあり方は維持された。そして徒歩で、地下鉄で、バスで多くの人が訪れる。季節ごとのあり方も実に多様で、飽きることを知らない。

大都市の住人に田舎の雰囲気を提供し、都市生活のストレスから解放し、自然と交わること。オームステッドは「公園の美とは野原と牧場と草原と緑の芝生、そして静かな水面の美である。私たちが得たいものは静穏と心の安らぎである。[*3]」と書いた。「都市の肺」と呼ばれる場所が、徒歩圏にある。人々が大地と緑と空気とふれあいながら、心地よく佇み、散策する、ただそのことだけが意図されている。（ＩＩ）

セントラルパーク、Central Park
フレデリック・L・オームステッド&カルヴァート・ヴォークス、1859、ニューヨーク州ニューヨーク、アメリカ

## ジョルジュ・ポンピドゥー広場

# 現代のパルヴィ

パリには、いくつか特徴的な出自をもつ広場タイプがある。たとえばヴォージュ広場やヴァンドーム広場は、一七〜一八世紀の都市美化で開発された国王広場。たとえばエトワール広場やオペラ広場は、一九世紀の都市大改造における交通の要所で、モニュメントと道路と広場が一体的に開発された。対照的に、中世において自然発生した例に、教会前の広場があり、パルヴィと称される。ノートルダム大聖堂前面にある広場は「パルヴィ・ノートルダム」で、大聖堂の正面を強く際立たせている。かつては、現在のものに比べ小規模で、周囲は統一感に欠け、しかし街の活気にあふれた場所であったと想像される。

ここで取り上げるジョルジュ・ポンピドゥー広場は、もちろん、ジョルジュ・ポンピドゥー国立文化芸術センターと同時に整備されたものであるから、開発的な出自をもつ。しかし、中世に生まれたパルヴィに近い特徴を有している。広場の主となるのはポンピドゥー・センター。一九七一年国際コンペの結果レンゾ・ピアノとリチャード・ロジャースによる案が選出され、一九七七年に完成した。建設敷地はパリ中心部の四区、いまだ古い街並みの残る地区にあった。そこに建設現場さながら鉄骨、ブレース、設備ダクト剥き出しの巨大な建築が現れたのだから、パリの人々は仰天した。ただし、この都市的な文脈が、広場がもつ中世的な様相に関連している。

この広場は、平面形は矩形で単純でありながら、その形相は周囲の既存の都市空間に見事に呼応している。広場の南西にはエドモン・ミシュレ広場、南東にはストラヴィンスキー広場が隣接する。広場は歩行者の空間で、歩行とともに、広場と街並みとセンターが連続的に見え隠れし、好ましい変化が生み出される。センター前面は、シエナのカンポ広場のように、入口に向かって緩やかに傾斜する。巨大なファサードを十分視界に収めることのできる広さであるが、ほぼ高さが揃ったアパルトマンが周りを囲み、スケールアウトした空虚さはない。統一的に整えられていないため格式張らず、適度な変化が目に心地よい。ここにいると、正面斜めに走るエスカレータを目で追い、自然にポンピドゥー・センターを見上げる。街並みに比して巨大すぎる建築も、まさに中世の大聖堂のようだ。

芸術に詣でる人々が、この広場に集まり、かつての宗教行列さながら、列をなしてポンピドゥー・センターに吸い込まれていく。ここは、芸術の大聖堂の前面に生まれた現代のパルヴィである。（NM）

ポンピドゥー・センター
Place Georges Pompidou
レンゾ・ピアノ＋
リチャード・ロジャース＋
ジャンフランコ・フランキーニ
1977
パリ、フランス

## 島キッチン

# 人々をつなぐ外の部屋

島キッチンは二〇一〇年に、瀬戸内国際芸術祭の参加作品として制作される。三年ごとの芸術祭はもちろん、オフシーズンも、島キッチンは地域住民や芸術祭のサポーターによって継続的に運営され、来訪者に対して地元食材を使った料理と交流の機会を提供する。

安倍良の設計のもと、古い空家と蔵が改修され、厨房、ギャラリー、倉庫、トイレが整備される。空家の周囲には縁側が付加され、天井の低い屋内席となる。庭には日除け屋根と屋外桟敷が設えられ、柿の木が残る中央には芸術祭や地域の催しのための舞台が設けられる。日除け屋根の骨組みは水道管である。島でも容易に入手でき、加工も簡単である。水道管による柱と梁は既製部材で接合され、基礎には農業用ハウスのためのスパイラル杭が用いられる。

屋根材はこの地域の外壁でよく使用される焼杉である。水道管の梁に鉄筋を留め付け、下地を組み、結束バンドで取り付ける。焼杉板は隙間ができるように緩く接合される。平時は心地よい風と光が隙間を抜け、強風時は風圧をやわらげ、屋根の浮上がりを抑制する。芸術祭のオフシーズンには地域住民とボランティアスタッフが協力して日除け屋根を降ろし、点検と補修が行われる。茅葺き屋根ほど大仕事でないにせよ、屋根降ろしの作業はこの地域にとって人手をかけて協力して行う恒例行事となる。手作業で誰でも簡単に組み立てられることを想定した設計が効果を発揮する。

瀬戸内国際芸術祭のディレクターである北川フラムは、アートを赤ん坊にたとえる。赤ん坊であるアートを美術館で専門家の手によって純粋培養するのではなく、地方の集落に里子に出してしまう。すると、放っておけない集落の人々はその世話を始める。赤ん坊であるアートは言葉も通じず、はじめは得体が知れないが、そのあどけない表情はやがて人々を笑顔にし、多くの人を引き寄せ、自分たちが育てたという主体者意識と愛着を生み出す。

これは建築にもあてはまるかもしれない。住民の面倒を見ますよと立派な大人の公共施設が乗り込んでくるよりも、いつまでも手間のかかる島キッチンのような赤ん坊的建築を委ねられるほうが、コミュニティにとっては幸せかもしれない。実際、この一〇年あまり、島キッチンは地域の人々に育てられながら、多様な出会い、交流、賑わいを生み出してきた。中でも外の部屋として設えられた日除け屋根と屋外桟敷は、赤ん坊の笑顔のごとく、人々をこの場所に呼び寄せ、幸せな心持ちにしてくれる。（ＫＩ）

島キッチン
安倍良
2010
香川県土庄町豊島

## 三節　外の部屋

★（　）内は原著の刊行年

*1　ヤン・ゲール、北原理雄訳『人間の街　公共空間のデザイン』鹿島出版会、2014（2010）、p.6

*2　バーナード・ルドフスキー、平良敬一、岡野一宇共訳『人間のための街路』鹿島出版会、1973（1969）、p.15-16

### 共同編集された外の部屋　サン・マルコ広場

文献1　陣内秀信『ヴェネツィア　都市のコンテクストを読む』鹿島出版会、1986

文献2　陣内秀信『水都ヴェネツィア　その持続的発展の歴史』法政大学出版局、2017

参照　Venice and its Lagoon, UNESCO World Heritage List (website)

### 崖に内包された街　クリフ・パレス

文献　ヨウ箱守、市原出『ニューメキシコの建築　石と土と光の教会』丸善、2000

*1　コロラド、ユタ、ニューメキシコ、アリゾナの四州の州境線が十字に交わる点およびその周辺地域を指す。

*2　かつてここに住んだ人々の末裔であり、パーク・レンジャーをしているラグーナ・プエブロのT・J・アッツシィの言葉。メサ・ヴァーデの公式ホームページから。

### 花の広場　カンポ・デ・フィオーリ

*1　カミロ・ジッテ、大石敏雄訳『広場の造形』鹿島出版会、1983（1901）およびヤン・ゲール、北原理雄訳『人間の街　公共空間のデザイン』鹿島出版会、2014（2010）を参照。

### 四角　ケンブリッジ大学カレッジ

文献1　岩城和哉『知の空間　カルチェラタン・クォードラングル・キャンパス』丸善、1998

文献2　Robert Willis & John Willis Clark, "The Architectural History of the University of Cambridge", Cambridge University Press, 1886

文献3　Tim Rawle, "Cambridge Architecture", Trefoil Books, 1985

### 空に開かれたU字型の部屋　フィラデルフィアの街路

文献　John W. Reps, "The Making of Urban America A History of City Planning in the United States", Princeton University Press, 1965

*1　市原出、駒田剛司「フィラデルフィアの街路の構成と空

間の多様性」『日本建築学会計画系論文集』第81巻第729号、2016、pp.2543-2551。

＊2　たとえばニューヨーク市マンハッタンの街路幅員は、南北方向のアヴェニューは三〇メートル、東西方向のストリートは一八メートルである。

＊3　ジェイン・ジェイコブズ『アメリカ大都市の死と生』鹿島出版会、2010(1961)、pp.116-117

＊4　この細街路のありようについては、香山壽夫『建築のポートレート』LIXIL出版、2017、pp.10-11を参照。

＊5　Jon Lang, "Urban Design -The American Experience", John Wiley & Sons, Inc., 1994, p. 135

## 大都市の部屋　**セントラルパーク**

＊1　ロマン派の詩人。当時ニューヨーク・イブニング・ポスト編集長。

＊2　軍事的意味合いの強い空地として構想された。

＊3　佐藤昌『フレデリック・ロー・オームステッド　その一生と業績』日本造園修景協会、1980、p.97

## 現代のパルヴィ　**ジョルジュ・ポンピドゥー広場**


文献1　元岡展久『パリ広場散策―美しき首都の成り立ち―』丸善、1998

文献2　『GA 44　レンゾ・ピアノ＋リチャード・ロジャース　サントル・ボーブール』エーディーエー・エディタ・トーキョー、1977


## 人々をつなぐ外の部屋　**島キッチン**


文献1　『新建築』2011年1月号、新建築社

文献2　北川フラム『ひらく美術：地域と人間のつながりを取り戻す』ちくま新書、2015

参照　2021年日本建築学会賞（作品）島キッチン、業績紹介(website)

# 第三章
# 細部

# 第三章　細部

文章や言葉を部分から全体へたどってみると、散文や韻文、言語によって異なるが、おおまかに「文字―単語―文―段落―章―ひとつの作品」となる。同じように、建築のかたちを部分と全体に分けようと試みると、部分にも多様なレヴェルがあり、細かく分ければ分子や元素まで無限に細かくなってしまう。一方、建築は単体として存在するだけでなく、集まってまちや都市まで広がる。そのため本書では、あるまとまりとして捉えられる部分の集合を、その上位のかたちを構成する要素と考え、これらを九つの「要素」と三つの「部屋」というレヴェルに整理し、具体的な事例に即してかたちの紹介を試みてきた。

最後に紹介するのが細部であるが、ここでは単に、要素を構成する部分のかたちだけでなく、それらがいかに構成されているのか、あるいは素材がもつかたち、接合部に見られる要素どうしのぶつかり方など、より広く細部を見ていきたい。ここで扱う細部は、建築構法の教科書や共通仕様書が扱う、部分と部分の収まりとは全く異なる。建築の要素や部屋、さらには建築全体のかたちを特徴づけ、かたちの豊かさを発する細部である。

建築の設計は、全体のかたちが決まってから、部屋、要素のかたちが決まり、それらを収めるために細部が考えられるという単純なものではない。全体のかたち、空間のつながり、各空間、要素のかたち、素材など、様々なスケールやレヴェルのスタディを交錯しながら繰り返し、何度もやり直し、ようやくまとまってくるものである。そのまとまる段階においては、ある細部のデザインが重要な役割を果たしているのではないだろうか。そのような細部こそ「主なる細部」であり、それらをデザインすることは、設計をまとめるうえで重要なターニング・ポイントとなる。また、それだけでなく「主なる細部」を見出すことは、建築を見たり体験するうえでも、かたちの豊かさを理解し、楽しむことにつながるのである。（ＫＨ）

## 輪島の土蔵修復

# 土に始まり土に還る

壁は遮り、囲み、護る。そのような特徴をもつ壁がそのまま建築として具現化されたのが土蔵である。

ロバート・ヴェンチューリが日本建築の特徴を「家具としての壁」と語ったように、柱と梁の架構による木造が発達した日本において、内部と外部の境界は、建具やスクリーン、縁や軒のラインなどが幾重にも重なり、緩やかかつ可変的につながり、分けられてきた。西洋の組積造の厚い壁と異なり、柱と柱の間を埋める繊細な存在である。壁そのものも、土や竹や縄などの地域の自然素材が何層にも重ねられ、大工技術に匹敵、あるいはそれ以上に左官技術は発達してきた。薄いもの厚いもの、粗い仕上げから洗練された仕上げまで、実に多様である。用いられる土も様々な色、粒度、粘性をもち、石灰を焼いて海藻のりで煮た漆喰や、型枠に土を入れて叩くことを繰り返してつくる版築など、構法や表情の種類は枚挙にいとまがない。

そのような日本建築の壁において、土蔵の土壁はユニークな存在である。主構造は柱と梁による木造軸組であるが、それを圧倒する厚い壁が外周部を囲み、大工よりも左官が主役となっている。

二〇〇七年の能登半島地震で被災した土蔵の修復活動に、日本全国から集まった多くの左官職人やボランティアが参加した。被災して崩落した土壁は、土、縄や竹など、すべて身近な自然素材でできており、そのまま放置しても土に還るものである。古い土壁の表面は年月の層が幾重にも重なり、壁の内部からは、朽ち果てて原型をとどめていない鉄釘や、全く劣化していない竹釘、竹木舞に触れると、一〇〇年前につくった人たちと会話している錯覚を覚え、建築は時間を超える存在であることを肌で感じられる。

修復工程は、崩落した土壁をすべて落とし、傷んだ木造部を接木などで補修。同時に地元で粘性のある土を探し、解体された住宅の古畳から藁スサをつくり、水と混ぜてしばらくねかせて繊維を馴染ませる。次に間渡し竹、たて竹、よこ竹の順に木舞を掻き、いよいよ「手打ち」と呼ばれる荒土つけが行われた。その後、うら返し、むら直し、よこ縄、たて縄、何層も土を塗り重ね、中塗りまで行われた。外部に面する土蔵では、その上に耐水性のある漆喰が塗られることが多いが、サヤと呼ばれる木造に覆われていたので、中塗りまでとされた。土蔵の土壁の寡黙な力強さと、それをつくる柔らかくフレキシブルな自然素材、そして長い時間と多くの労力が込められていることを、手と身体で学ぶ機会となった。（ＫＨ）

土蔵修復ワークショップ
大崎庄右エ門塗師蔵
1920頃・2007〜
石川県輪島市鳳至町

## ヴァージニア大学

# 個が集うかたち

トマス・ジェファーソンは、アメリカ独立宣言の起稿者であり、アメリカの第三代大統領を務めた。しかし彼は政治家であるだけでなく、ルネサンス的万能人として、農業家、科学者、博物学者、発明家、教育者でもあり、独学で学んだ建築家でもあった。彼は、アメリカの独立は、政治的な独立だけでなく、文化的な独立が不可欠であると考え、古典主義を引用しながらアメリカ独自の自由平等を表す建築様式の確立を模索した。その集大成が、彼が教育者として設立し、建築家として設計したヴァージニア大学である。

大学の中央には、知の象徴としてロトンダと呼ばれる円形の図書館が建ち、その前面にローンと呼ばれる緑に覆われた広場が南向きに緩やかに下る。それを囲みロトンダから東西に両腕を広げたようにコロネード(列柱)と学生の個室が並び、その間に教室であり教員の住居でもあるパヴィリオンが片側に五棟、計一〇棟建つ。パヴィリオンの背面には、東西ともに波状の平面をもつレンガの壁に囲まれた菜園や庭が広がり、その奥にコロネードと並行に外に面してレンジと呼ばれるレンガのアーチ状の列柱と学生の個室が並び、東西各三棟のホテルが建つ。ホテルは食堂であったが、現在はオフィスや学生団体に使われている。

ヴァージニア大学の設計過程は、ジェファーソンが残した図面や手紙からかなり明らかにされている。ここで興味深いのは、必ずしも全体配置から各建物、部分という順に設計されたのではなく、最初に各パヴィリオンで模範とする古典オーダーが決められ、それに基づき建物がひとつひとつ設計され、それと並行して全体配置計画も進行していった。まさに細部と建物単体、および建築群がそれぞれ交錯しながら設計されていったのである。多様な古典オーダーの引用は、大学が古典建築の生きた教科書となるように意図されたことに由来する。しかし、それらは単なる装飾にとどまらず、各パヴィリオンの屋根のかたちや空間構成、コロネードとのつながり方などに変化を生み出し、統一感のあるキャンパス全体にアクセントとヴァリエーションを与えている。

ジェファーソンは、教員と学生たちがともに生活しながら学ぶキャンパスを「アカデミカル・ヴィレッジ」と呼んだ。列柱が敷地の勾配に合わせてのびやかに連なり、そこに個性豊かなデザインのパヴィリオンが並ぶかたちは学生と学生、学生と教師、それぞれ異なる個性を尊重しながら集まる姿を、建築のかたちとして具現化したものである。(KH)

ヴァージニア大学
University of Virginia
トマス・ジェファーソン
1817〜26
ヴァージニア州
シャルロッツヴィル
アメリカ

## ルイス・サリヴァンの宝石箱
# 胚芽から生まれるかたち

ルイス・H・サリヴァンは、一九世紀後半から二〇世紀初頭にかけて、産業革命を背景に鉄骨造の高層建築を生み出したシカゴ派の中心的な建築家であった。少年時代から自然を愛し、植物を観察してスケッチを描き続け、設計した近代的な建築においても、植物をモティーフにした装飾デザインを多く施した。フランク・L・ライトは、サリヴァンの事務所で修業し、彼の影響を受け、自然のかたちを規範とする有機的建築を展開していったといわれている。

晩年、ライトが大成功を収めていく一方、サリヴァンは仕事が少なく、都市を離れ自然の中に隠遁し、酒に溺れていった。そのような中、中西部のオハイオ州、イリノイ州、ミネソタ州、アイオワ州の小さな街に、八つの銀行を設計している。それらはどれもレンガに覆われた小さな箱だが、それと対比するように表面と内部空間に、自由で生き生きとした大小様々な装飾が施され、「宝石箱」と呼ばれている。

サリヴァンは、建築のかたちは植物のように、機能に応じながら、単純なものから複雑なものへと成長するものと考えた。そしてかたちが生まれる源は、植物の胚芽《ジャーム》にあるとし、胚芽して発芽した双葉から植物が成長していくように、双葉のシンプルなかたちを、幾何学的にずらしたり、重ねたり、反転させたり、相互に貫入させることで、複雑で有機的な建築装飾を生み出していった。彼は、その過程を詳細なスケッチで描き、説明文とともに、死の二年前『建築装飾のシステム』という本にまとめている。中西部の宝石箱に施された装飾は、サリヴァンの生成手法、建築理論が、テラコッタやタイルなどを用いて建築のかたちとして具現化されたものである。

八つの宝石箱は、アメリカ中西部に散在しているため、それらを見て回るには時間がかかる。広大な大地を車で何日も走り、ようやく小さな街に着くと、広場に面して宝石箱はおとなしく佇んでいる。しかし、近づくと、装飾が生み出す力に圧倒される。かたちが生み出されるときに湧き出るエネルギーがうねるように渦を巻き、人を吸い込んでいくのだ。ただしそれらは単なる華美で豪華な装飾ではなく、幾何学に基づき、また建築全体の単純なかたちが街角をしっかり規定し、背景として装飾を浮き立たせている。

サリヴァンの装飾はひとつの細部でありながら、建物全体を特徴づけている「主なる細部」として輝きを放ち続けている。（KH）

上：マーチャンツ・
ナショナル銀行
Merchants National Bank
ルイス・H・サリヴァン
1914
アイオワ州グリンネル
アメリカ
下：ナショナル・
ファーマーズ銀行
National Farmers' Bank
同、1908
ミネソタ州オワトナ
アメリカ

## モリス商会
# 手すりに表された全体

サンフランシスコの中心部、ユニオン・スクエアの近くに建つ四角い箱の外形をもつ作品である。ライトは箱の（ような）建築を壊そうとしたが、既存倉庫のコンバージョンであり、ここでは箱であることをいったん受容している。[*1] 街路に接して建つファサードはサンフランシスコでは珍しいレンガの壁であり、通りに面して商品をディスプレイするのではなく、人を引き込むことを意図して、あえて閉鎖的である。それは内容物を保護し、さらに秘匿するようでもあり、そのうえでヴォールトの入口へと人々を誘う。

内部は「螺旋」である。螺旋は回転運動と上下運動の組合せであるから、空間が立体的に流動する。ここでの空間の流動性は、プレーリーハウスで達成された内部と外部の間のそれとは異なり、内部空間そのものである。周囲の建物に接する長方形の外壁に内包された大きな螺旋のスロープが階をつなぐ。それは空間の中心であるとともに、全体の様相の基調となっている。スロープと二階の床を支える壁はシリンダーのようでシリンダーではない。円形の壁は二階の手すり壁から立ち下がってスロープの床となり、そのままスロープの手すり壁として切れ上がっていく。

そこに既存のふたつの矩形トップライトから明るい陽光が降り注ぐ。その強い光はオパール色のアクリルガラスでつくられた、泡のような天井スクリーンによって、穏やかで拡散する光へと変換される。家具、壁に開けられたディスプレイ用の穴、天井から吊られたプランターなどもほぼすべて円形で、空間全体のあり方に呼応している。様々な要素が浮遊し、散りばめられ、幻惑的で、重力を感じさせない空間である。しかしそれらはスロープの螺旋によって統御されているように見える。そして、逆に、狭い入口から導かれた空間は螺旋の吹抜けを経て、空に開放される。

それらのことを象徴するように、ピカピカに光り輝く真鍮の手すりが眩い。一階の手すり壁端部から発し、スロープを巡って、二階のギャラリーを一周する一本の滑らかな金色の線。ライトの空間を眩く映しながら、美しい曲線を描いている。ドローイングの段階では二階の手すりのみが描かれている。しかし、現実には連続する手すり壁に伴って、スロープを軽やかに舞い降りる。作品全体と相互に照応しながら意味を伝え合う。明るいサンドカラーの手すり壁と一体となって、しかし自律的でもありながら、旋回しつつ昇降する。素材そのものと、そのかたちとが、揺らめく空間と同一化した様に心うばわれる。（II）

モリス商会
VC Morris Gift Shop
フランク・L・ライト
1949
カリフォルニア州
サンフランシスコ
アメリカ

## アルヴァ・アールトの引手と手すり

# 手で感じるかたち

二〇世紀を代表するフィンランドの建築家アルヴァ・アールトは、建築だけでなく、都市計画、家具、照明、プロダクト・デザインまで、実に幅広い活動を行った。モダニズムが台頭しインターナショナル・スタイルが広まった時代に活躍したが、一貫して人間のための空間づくりを目指し、自然光を取り込み、素材と細部のデザインを探求し続けた。彼の考えは、「建築は科学ではない。それは人間に対して的確な何千もの機能を結合する統合的な大プロセスであり、依然として建築である。その目的は物質の世界を人間の生活と調和させることである」[*1]という言葉に集約されている。

アールトは自由な平面形や断面形、多様なトップライトや光を反射・拡散させる工夫、うねる天井など、自由な造形でユニークな空間をつくり出している。それらは単にユニークなかたちをつくろうとして生まれたのではなく、木と鉄、コンクリート、ガラスなど様々な素材がどのようなかたちで、いかに結びつくか、詳細に細部がスタディされた結果として生み出されたのである。それらの細部は、単に自由な造形を成立させる工夫ではなく、細部の工夫そのものが自由なかたちを生み出したとも考えられる。

そのようなアールトの細部の極みが、引手や手すりのデザインである。そもそも建築空間は、視覚で知覚されることが大きいのは事実かもしれないが、それだけでなく五感で感じるものである。空間に包まれる感覚は、視覚だけでなく、肌でも感じ、匂いも感じる。歩くときには足の裏から床を感じ、椅子や机などの家具はつねに身体で感じるものである。その中でも、引手や手すりは特別で、直接手で触れ、握る部分である。

そのような視点からアアルトの引手や手すりを見て、触れると、実に興味深い。人の手で握りやすいようにねじられた曲線をもつ真鍮の引手は多くの作品で用いられ、背の高い人にも低い人にも手にとりやすいように、縦に並べて取り付けられている場合もある。また、手に触れるところは厚い木で、上部は鉄で巻いてある浴室外部の引手。手が触れる部分に革や籐が巻いてある引手。握りやすい円形の断面をもつ木製の手すり。手で握る上部の円形と腰が当たっても痛くない幅のある木が組み合わされた手すり。それらを支える木や金属の支持材。どれも手に、人に優しく、素材の特性を生かした自由なかたちが具現化されている。

引手や手すりを握り、建築家が込めた思いを手や肌で感じると、建築あるいは建築家と握手している錯覚すら覚えるのではないか。（KH）

アールトの引手と手すり
pull, handle and handrail
アルヴァ・アールト
写真：加味根みのり
1〜3、6、7、
西野辰哉9

## キンベル美術館

# 光のディテール

フォートワースの中心から四キロほど西、美術館や劇場が集まったアモン・カーター・スクエアに建っている。南側のアプローチを進むと六連のヴォールト屋根を載せた妻壁が見え、西側のオープン・ポーチへと導かれる。アプローチの過程でこの建築のあり方が理解できる。ヴォールトは組積造のそれとは違い、両側には梁があって四隅の柱に載っている。つまり壁からは開放されて浮いている。ヴォールト相互は陸屋根で結ばれ、陸屋根がないところではヴォールト端部が雨樋になっている。妻壁はヴォールトまで達しておらず、両者の間には円弧状のスリットがある。柱と梁とヴォールトの構造部材はコンクリート打放しであり、間の壁はトラバーチンで面一に仕上げられている。そしてヴォールト頂部にトップライトがある。カーン自身が述べているようにオープン・ポーチはその建築がいかにつくられたかを予告している。[*1]

ヴォールトの断面は半円ではなく少し扁平なサイクロイド曲線である。頂部の高さは二〇フィートでヒューマンスケールが意図されている。[*2]そして、頂部に二・五フィートのスリット状のトップライトがある。カーンには、絵画は移ろう自然光の中で鑑賞するものという考えがある。たとえば今日の青は明日の青とは異なる。だから自然光が取り入れられ、その自然光をコントロールするリフレクタがそれを可能にする。開口の直下部分はアルミのシートで、その外側はきわめて薄くかつ目の細かいアルミ・パンチングメタルである。それが理想的な反射光が天井面にあたるように計算され曲面をなす。その反射光は天井にあたって、天井全体が優しく光り、それから室内に広がる。パンチングメタル部分からはわずかな透過光がそのまま降ってくる。外の天候を映し、揺らぐ、気分のある光として。現場で見てもその仕組みがわからないほど精巧で、幻惑的な「自然光器具」[*3]である。「構造は光を与え、光は空間をつくる」[*4]。

さらに妻面のスリットからは円弧状の光が落ち、三箇所の光庭からは横向きの光が入る。内部空間全体が様々な光によって照らされ、また逆に光の存在を明らかにする。そしてもうひとつ、上下階をつなぐ階段はヴォールトの継ぎ目の平天井部分に対応していて、上がりきると天井は低く、そこから光の主空間に誘われる。その階段の手すりがブラストされたステンレスの薄板でできている。曲げて、曲げて、巻く。巻かれた手すりは優しく、かつ筒状の空間を表徴しているかに見える。（ＩＩ）

キンベル美術館
Kimbell Art Museum
ルイス・I・カーン
1972
テキサス州フォートワース
アメリカ

## ブリオン家墓地

# ジョイントの美学

「神はディテールに宿る」とある建築家は言った。古今建築家は細部を偏愛する。それが規則的に繰り返されたり、あるいは端部に沿って連続したりする場合、細部のデザインが全体にわたって現れるため、注意をもって設計される。全体の意匠の特質が、ディテールに現れるときは特に重要だ。全体が部分に含まれるということ、逆にいえばディテールが全体を規定する。

カルロ・スカルパは一九〇六年ヴェネツィアに生まれた。作品の多くが小規模な展覧会場や内装改修であったにもかかわらず、詩性をもった素材や光の扱い、特にその豊かな細部のデザインにおいて、今なおあまたの建築家に霊感を与え続けている。ここで取り上げるブリオン家墓地は、ヴェネツィアから北西約四五キロに位置するサン・ヴィト集落の共同墓地の一角にある。家電メーカー創設者ジュゼッペ・ブリオン夫妻のために、スカルパが設計した。

L字型の敷地に、入口建物、瞑想のパヴィリオン、アーチ状の屋根の下に寄り添う夫婦の墓、親族の墓、礼拝堂が配されている。周囲に壁を巡らせ、池と芝生の中に各建物が設けられる。別世界の庭園だ。入口からは、奥の交差した二重円の開口を通して墓地を望む。左右につながる通路には、コンクリート床のジョイントに細長い銅板プレートが埋め込まれ、壁には、ほぼ身長の高さで水平にタイルのラインが象嵌される。

詩性のきわみともいえるスカルパのジョイントは、同時にものの構成を物語っている。ある部分が他の部分を支える。ある部分が動き他の部分がそれをガイドする。こうしたかたちの成り立ちや動きの原理を明示する。機械部品のようにジョイントは要素と要素をつなぎ、ピヴォットは回転を生み出す。設計者にとって、素材を組み立て、それをかたちに表し、巧みに動く仕掛けをつくり出すことは、大小問わず快楽なのである。

経路に沿って展開する空間の変化に、ディテールは対応している。とどまるところ、動くところに、それに応じた詳細がある。つまり、光も素材も動きも含め、空間全体を組み立てるという所作そのものが、ディテールという部分に仮託されている。スカルパの細部では、職人的な仕上げが特に注目される。だが実のところ、これらが空間構成に対し、緻密に計算され深く関係をもつものであることをブリオン家墓地で経験することができる。特徴的な細部としてコンクリートの段々の縁飾りも多用される。光を受けて表情が刻々と変化する。経験する人が、自分なりの解釈を与えることができる。これもディテールの豊かさであろう。（NM）

ブリオン家墓地
Tomba Brion
カルロ・スカルパ
1969〜78
アルティーヴォレ
イタリア

## 脱皮する家

# 木の生命力と手の痕跡

脱皮する家は新潟県十日町市・津南町で二〇〇六年に開催された大地の芸術祭（越後妻有アートトリエンナーレ）の出品作品である。作家は彫刻家の鞍掛純一と日本大学芸術学部彫刻コースの学生有志である。豪雪地帯であり、星峠の棚田が有名な峠集落に建つ築一五〇年を超える木造家屋そのものが作品である。

すでに空家であったこの家屋は、長年の囲炉裏や竈の使用によって内部が黒い煤で覆われていた。作家は煤で覆われた内部の壁、床、柱、梁、垂木、階段、建具など、木部のすべてを彫刻刀で彫ることを通して、この家の作品化を着想する。煤で覆われた黒い木部を彫刻刀で彫ると、そこに木の素地が現れる。作家はそこに廃屋として命が絶えつつあった木造家屋の再生のイメージを読みとり、それを脱皮という言葉で形容する。

作品制作は企画から完成まで二年半の時間を要する。東京から通いながら制作を続けた作家らは、通算一六〇日以上この地に滞在し、延べ三〇〇〇人が彫刻刀を手に彫り続ける。こうして、築一五〇年の木造家屋は芸術祭の作品として再生される。公開当初は見学のみであったが、その後、水回りが更新され、宿泊できる作品となる。裸足でこの家屋に足を踏み入れるとまず足裏で脱皮の痕跡を感じる。それは目で見る箇所、手に触れる箇所すべてに刻みつけられている。頭上の小屋組みを見上げると、暗闇の中に無数の脱皮の痕跡が浮かび上がる。脱皮する家を訪れると、木という素材の備える強靭な生命力に圧倒される。しかもそれを視覚のみならず、触覚や空間感覚として全身で感じることになる。さざ波のような凹凸のある木の表層は、音を乱反射し、聴覚にも影響を与えているかもしれない。そう思うほどに、この空間は訪れた人の感性を解放し、鋭敏にしてくれる。

その制作過程は作品説明で繰り返し述べられ、鑑賞者の多くはその事実を知ったうえで作品を体感する。しかし、もしそのプロセスを知らないとしても、愚直に彫り続けたたくさんの手の痕跡でしか生み出しえない空間の迫力のようなものを鑑賞者は無意識に感じとることができるだろう。

アンリ・フォシヨンは「形の生命活動は……素材において、道具によって、人間の手の下で、具体性をかちとるのである」[*1]と述べる。脱皮する家はまさに、木において、彫刻刀によって、人間の手の下で、具体性をかちとった建築である。（ＫＩ）

脱皮する家
鞍掛純一＋
日本大学芸術学部有志
２００６
新潟県十日町市

# 三章　細部

★（　）内は原著の刊行年

文献1　香山壽夫『建築家の仕事とはどういうものか』王国社、1999

文献2　香山壽夫『人はなぜ建てるのか』王国社、2006

## 土に始まり土に還る　輪島の土蔵修復

文献1　「土と左官の本4　特集：自然を壁にする技」『コンフォルト』別冊、建築資料研究社、2008

文献2　萩野紀一郎「輪島の土蔵修復活動」、日本建築学会建築計画委員会『利用の時代の歴史保全　保存・再生の立脚点を考える』日本建築学会大会（東海）研究協議会資料、2012

## 個が集うかたち　ヴァージニア大学

文献1　香山壽夫『荒野と開拓者 フロンティアとアメリカ建築』丸善、1988

文献2　Richard Guy Wilson, “Thomas Jefferson’s Academical Village: The Creation of an Architectural Masterpiece”, University of Virgina Press, 1991

文献3　マイケル・ブラウン、大成建設株式会社監訳『ヴァージニア大学：ザ・ローン 設計：トマス・ジェファソン』同朋舎出版、1995(1994)

## 胚芽から生まれるかたち　ルイス・サリヴァンの宝石箱

文献1　Louis Henry Sullivan, “A System of Architectural Ornament”, Rizzoli, 1991 (初出1922、the Art Institute of Chicago)

文献2　Lauren S. Weingarden, “Louis H. Sullivan; The Banks”, MIT Press, 1987

文献3　『GA 52　ルイス・サリヴァン　オワトナの銀行、グリネルの銀行、コロンバスの銀行』エーディーエー・エディタ・トーキョー、1979

文献4　香山壽夫『荒野と開拓者 フロンティアとアメリカ建築』建築巡礼1、丸善、1988

文献5　香山壽夫『建築家のドローイング』東京大学出版会、1994

## 手すりに表された全体　モリス商会

*1　Thomas A. Heinz, “Frank Lloyd Wright Field Guide”, Northwestern University Press, 2010, p.28

## 手で感じるかたち　アルヴァ・アールトの引手と手すり

文献1　エドワード・R・フォード著、八木幸二監訳『巨匠たちのディテールII The Details of Modern Architecture 1928-1988』丸善、2005(2003)

文献2　小泉隆『ALVAR AALTO Light and Architecture アルヴァ・アールト 光と建築』プチグラパブリッシング、2013

文献3　小泉隆『アルヴァ・アールトの建築 エレメント&ディテール』学芸出版社、2018

＊1　アルヴァー・アールト、ヨーラン・シルツ編、吉崎恵子訳『アルヴァー・アールト エッセイとスケッチ』鹿島出版会、2009(1972)、p.91

## 光のディテール　キンベル美術館

＊1　Comments on architecture by Louis Kahn, Compiled by Nell E. Johnson, "Light is the Theme: Louis I. Kahn and the Kimbell Art Museum", Kimbell Museum, 2011(revised), p.28

＊2　前掲書 p.33

＊3　前掲書 p.37. natural light fixture.

＊4　香山壽夫『ルイス・カーンとはだれか』王国社、2003、p.165。カーン自身の言葉は "Structure gives light makes space."

## ジョイントの美学　ブリオン家墓地

文献1　ケネス・フランプトン、松畑強、山本想太郎訳『テクトニック・カルチャー 19-20世紀建築の構法の詩学』TOTO出版、2002(1995)

文献2　斎藤裕『建築の詩人 カルロ・スカルパ』TOTO出版、1997

## 木の生命力と手の痕跡　脱皮する家

文献1　野田慶人他編著『脱皮する家の本』日本大学芸術学部、2007

文献2　北川フラム『美術は地域をひらく：大地の芸術祭10の思想 Echigo-Tsumari Art Triennale Concept Book』現代企画室、2014

＊1　アンリ・フォシーヨン、杉本秀太郎訳『形の生命』岩波書店、1968(1934)、pp.39-40

参照　NuartEDU(日本大学芸術学部)、NAP2006「脱皮する家―脱皮の記録」越後妻有トリエンナーレ2012 (youtube movie)

# あとがき

本書の企画は二〇一九年七月三〇日、東京都文京区本郷のレストランにおける対話から生まれた。当日は別件の打合せのあと、香山壽夫先生にお誘いいただき、市原、岩城の三人でワイン片手に、久しぶりに建築談義に花を咲かせた。やがて建築のかたちことばが話題となる。建築の要素や部屋が生み出す豊かな意味の世界と古今東西の多様な事例の数々について、時間を忘れて語り合うという貴重な機会を得る。そして、この対話の内容をその場だけにとどめるのでなく、広く世に問うてはどうかとの話になる。ワイン片手の対話ゆえに細部の記憶は定かでないが、建築を語る悦びと楽しさに満ちた時間であったという感覚は今でも鮮明に残っている。それが本書執筆の強い動機となる。

建築のかたちが言語と同様の働きを備え、それが私たちの生活空間に豊かさをもたらしていることについて、香山先生はすでにいろいろな場面で話され、著されている。本書においても先生には論考というかたちでこの議論の口火を切っていただいた。この問題提起を受けて、市原、岩城に萩野、元岡が加わり、四人体制で出版を前提としたかたちことば研究会が始動する。執筆者四名はいずれも東京大学において香山先生のもとで学び、学位論文をまとめ、現在はそれぞれの所属する大学で教鞭を執りつつ、研究、設計、創作活動等に従事している。建築に関する考え方の基盤はある程度、共有しているが、かたちことばという新しい概念に対しては、特に研究会初期において様々な議論が交わされ、認識のすり合わせが行われた。

研究会はほぼ月一回のペースで開催され、二〇二〇年三月から二〇二二年四月まで二七回に及んだ。研究会初回はコロナ禍への社会的対応が本格化した時期に重なる。対面でのキックオフ・ミーティングの予定はキャンセルされ、急遽、遠隔会議システムの操作方法が最初の議題となる。結局、定例の研究会はすべて遠隔で実施される。二年間に及ぶステイホームの状況は執筆には適していたかもしれない。しかし、海外事例の新規取材を行う機会は残念ながら失われてしまった。

そのような状況の中、研究会を重ね、ある程度の共通認識が形成されたところで、掲載事例の選定と執筆にとりかかった。研究会の議論を通して、要素九、部屋三、細部一の一三項目が設定され、それぞれ八事例、合計一〇四事例を掲載することとした。また、かたちことばのありようを抽象的議論ではなく、各事例のかたちに即した具体的議論として記述すること、それら具体的議論の蓄積を通してかたちことばという概念自体を浮かび上がらせることなどが確認された。本書の枠組みの詳細については冒頭の序を参照されたい。

事例選定にあたっては執筆者それぞれの具体的な体験と視線を特に優先した。掲載事例のバランスを取るために執筆者を増員することも検討されたが、かたちことばという定着していない概念に対して議論が拡散しすぎるのではないかとの懸念から、今回は限られた人数での執筆が妥当であると判断した。より多様な視点による議論の豊富化は今後の課題としたい。

事例それぞれのかたちの特徴を丁寧に読み解き、文章として適切に記述するという一連の作業を四人で分担することは、もちろん容易ではなく、多くの時間を要した。しかしながら、それは数多くの事例と真摯に向き合うことのできる貴重な機会となった。写真や関連資料を確認しつつ、実際の建築を訪れた際の記憶や抱いた感情を思い起こし、追体験する。建築が発するかたちことばに静かに耳を傾け、それがもたらす豊かな意味を理解する。その繰返しの中で、一〇四編の文章が生み出された。

掲載事例は各八事例と限定されている。当然のことながら、取り上げるべき事例は古今東西に無数に存在する。むしろ、自分であればどの事例を取り上げるか、どんな写真を掲載するか、事例の発するかたちことばをどのように読み解くか、そしてそれをどのように記述するか、読者諸氏が様々に思索されることを期待する。思索の中で紡がれる言葉やイメージは「建築／かたちことば」との対話を通して喚起されるものであり、それらはやがて新たな「建築／かたちことば」の種となり、その生成を促す。本書がそのような対話の端緒となれば幸いである。

本書は株式会社鹿島出版会のご理解のもと、出版の機会を与えていただいた。企画段階での相談に丁寧にご対応いただいた同社代表取締役社長の坪内文生氏、企画段階から出版までの相談役と舵取り役を担っていただいた同社特別参与の相川幸二氏、デザインと編集の作業をご担当いただいた舟山制作室の舟山貴士氏にこの場を借りて謝意を申し上げたい。

恩師・香山壽夫先生には本書執筆のきっかけづくりから始まり、執筆内容や出版に関する助言、論考の寄稿等々、並々ならぬご協力をいただいた。この二年間、本書の相談を口実に定期的に先生との対話の機会を得たことは筆者四名の密かな悦びであった。そのことも含め、改めて先生には心から感謝の念を捧げたい。本書がそのご厚情に多少なりとも応えるものであることを願う。（ＫＩ）

# 著者略歴

市原出《いちはら・いずる》
建築家、東京工芸大学教授、博士（工学）。1958年福岡県生まれ。1981年東京大学工学部建築学科卒業。1993年同大学院建築学専攻博士課程修了。1994年東京工芸大学助教授、2000年より現職。専門は建築意匠。主な作品：IC2（1995年）、東京工芸大学HP工房ORANGE（2004年）、主な著書：「リビングポーチ」（1997年、住まいの図書館出版局）、「建築の「かたち」と「デザイン」」（共著、2009年、鹿島出版会）など。

岩城和哉《いわき・かずや》
建築家、東京電機大学教授、博士（工学）。1967年鹿児島県生まれ。1991年東京大学工学部建築学科卒業。1996年同大学院建築学専攻博士課程修了。2003年東京電機大学助教授、2012年より現職。専門は建築意匠。主な作品：HATO CAFE（2014年）、N邸（2020年）、主な著書：「知の空間」（1998年、丸善）、「工学のおもしろさを学ぶ」（共著、2010年、東京電機大学出版局）など。

元岡展久《もとおか・のぶひさ》
建築家、お茶の水女子大学教授、博士（工学）。1968年兵庫県生まれ。1991年東京大学工学部建築学科卒業。1996年同大学院建築学専攻博士課程修了。1997年パリ第一大学美術史学考古学専攻DEA。2006年お茶の水女子大学助教授、2020年より現職。専門は建築意匠、建築教育。主な作品：ボルドー第3大学Archéopôle（共同設計、2005年）、大磯の家（共同設計、2016年）、主な著書：「パリ広場散策」（1998年、丸善）、「Portrait de ville Tokyo」（共著、2015年、Cité de l'architecture et du patrimoine）など。

萩野紀一郎《はぎの・きいちろう》
建築家、富山大学准教授、博士（工学）。1964年東京都生まれ。1987年東京大学工学部建築学科卒業。1989年同大学院建築学専攻修士課程修了。1996年ペンシルヴェニア大学美術学部大学院修了。2016年より現職。専門は建築意匠、保存再生。主な作品：能登の半自力建設（2004-09年）、八ヶ岳高原・版築のいえ（2012-17年）、主な著書：「アメリカ建築案内」（共著、1989年、工業調査会）、「アメリカのアトリウム」（共著、1994年、丸善）など。

# 建築《けんちく》／かたちことば

二〇二二年六月二〇日　第一刷発行

著者　市原《いちはら》 出《いずる》・岩城《いわき》和哉《かずや》・元岡《もとおか》展久《のぶひさ》・萩野《はぎの》紀《き》一郎《いちろう》
香山《こうやま》壽夫《ひさお》［論考］

発行者　坪内文生
発行所　鹿島出版会
〒一〇四-〇〇二八 東京都中央区八重洲二-五-一四
電話：〇三-六二〇二-五二〇〇
振替：〇〇一六〇-二-一八〇八八三

ブックデザイン　舟山貴士
印刷・製本　三美印刷株式会社


ISBN978-4-306-04693-1　C3052
Printed in Japan



本書に関するご意見・ご感想は左記までお寄せください。
URL:https://www.kajima-publishing.co.jp/
e-mail:info@kajima-publishing.co.jp